片づけのプロ10人に聞く、
暮らしと人生の整え方

整理収納を仕事にする

竹村真奈

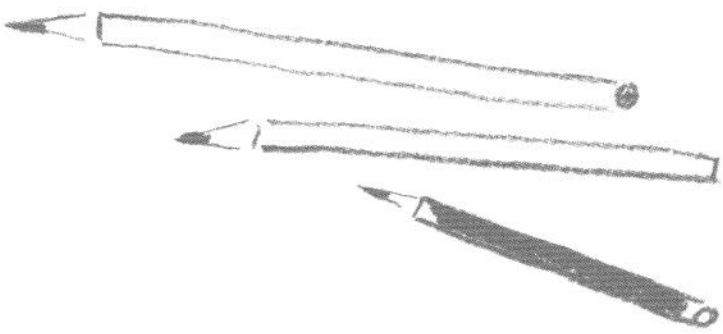

SHOEISHA

はじめに

本書は「整理収納」のアイデアが詰まった暮らしの本ではなく、「整理収納を仕事にする」10人のプロから学ぶ仕事術をまとめた本です。では、整理収納のプロとはなんでしょう？　部屋が片づかない原因を見つけ、整理収納の考え方やコツを伝えながら問題を解決する。他者に整理収納のやる気スイッチをつける。そして、それらを仕事として収入を得ている人のこと。

ここで紹介する10人のプロは、仕事の取り組み方も仕事にするまでの経緯もそれぞれ。開業して間もない方もいます。今回の人選で重要視したのは、アドバイザー歴や経験値よりも「発信力」と「個性」です。突き抜けたセンスと今すぐ真似したいアイデア、心を揺るがす自分の言葉や考え方を持った人。注目される職業だからこそ、紛れてしまわないために必要不可欠なスキルです。仕事にするまでのきっかけは、もともと整理収納が得意で資格取得へとステップアップした人、前職からヒントを得た人、整理収納や片づけが苦手だった人が結婚や出産、引っ越しなど、生活が大きく変化する節目で整理収納に目覚めたりと、じつにさまざまです。

整理収納は生活の一部。仕事にせずとも、暮らしていく上でやらなくてはならないもの。もちろんまったく興味がない人もいます。どんなに散らかっていても使う人が不便だと気づかなければ、そのままでいいのかもしれません。でもある程度歳を重ねていくと、ふと「暮らし」とはなんなのかと考えるようになります。人生におけるターニングポイントを迎え、「心地よく暮らす」ことへのプライオリティがぐんと上がったときに、整理収納の大切さに気づかされる人が多いと感じます。

昨今ではいつでもどこでも気軽にチェックできるSNSを活用して知名度を上げたり、集客をしているプロが大多数。わたし自身も雑誌や書籍はもちろん、SNSで整理収納にまつわる投稿を見るのが日課です。寝る前にSNSを見ていて突如やる気スイッチが入ってしまって夜な夜な片づけを始めてしまうこともあります。その投稿者は必ずしもプロの方ではありません。しかし、ハッシュタグには「#整理収納アドバイザー」と入っていたりします。でもどうやら仕事にはしていない。なんとなく資格を取得した人や仕事にする方法がわからない人など、いろんな理由はあるとして、どこかの誰かがあなたの投稿によって心を突き動かされて、ものを手放したり夜な夜な整理収納をしているとしたら、それはすごいことだと思うのです。

あなたが当たり前のようにやっている「整理収納」は、みんなにとっては「普通」ではないかもしれない。なるほど！と唸らせる驚きのアイデアかもしれないし、言葉の伝え方や選び方ひとつで共感や説得をさせる力を持っているのかも。本書ではそうした日常を日常では終わらせない、整理収納や片づけを仕事にする考え方やプロセスを10人のプロから学び、最初の一歩を踏み出すヒントになれたらと思います。

竹村真奈

もくじ

整理収納を仕事にする
10人のプロ

日々の暮らしのなかで目をそらさずにいられない
「整理収納」を仕事にするということ。
それぞれのライフスタイルに合わせた、
自分らしい考えとアイデアが溢れ出るプロたちのお話です。

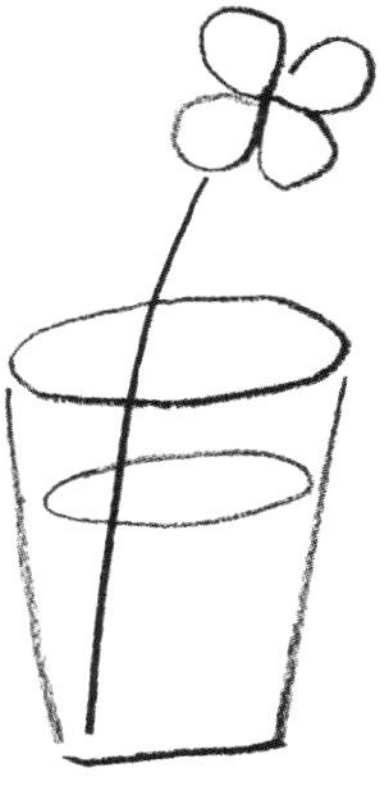

整理収納アドバイザー

ものとかぞく

水谷妙子さん

TAEKO MIZUTANI

「無印良品で学んだキャリアと子育て経験の融合」

どう伝えたら片づけられるのか。どんな言葉や写真を発信すればいいのか。水谷妙子さんは常に「使い手の目線」を大切にしています。これは、無印良品で13年間生活雑貨の商品開発に携わったことで培った考え方。自身の子育てから生まれるリアルな実感を加え、整理収納の必要性を伝え続けています。

[お仕事年表]

2005年	「株式会社良品計画」就職
2013年	第一子出産にて育休
2014年	仕事復帰
2015年	第二子出産にて育休
2016年	仕事復帰
2017年	第三子出産にて育休
2018年	5月 仕事復帰と同時に退社相談
	6月 退社
	8月「ものとかぞく」開業（見習い期間）
	11月 整理収納アドバイザー1級取得、プロとして活動開始
2020年	3月『自然と片づく部屋になる！長続きするラク家事収納術』（文友舎ムック）監修
	4月『すみっコぐらしのおかたづけ』（小学館）監修

[家族構成]

夫・長女7歳・長男5歳・次男3歳

[住まい]

東京都小金井市／分譲マンション（築2年）／4LDK 約90平米

[取得資格]

整理収納アドバイザー1級

[主な仕事内容]

個人宅の整理収納サービス
個人向けの講座
（主に無印良品の店舗からの依頼）
プロ向けの講座
ウェブメディアでの記事執筆

[SNS活用内容]

Instagram　@monotokazoku
商品の使い方、収納のコツなど、before・afterを交えて伝えている。

Facebook　https://www.facebook.com/taeko.mizutani.1
講座開催のお知らせや、自身が執筆した記事などの情報をシェア。

LINE　[一般の方向けLINE] @888dmccy
[お片づけのプロ向けLINE] @631ongpz
それぞれの講座の情報などをすばやく届け、交流する場として活用。

Web　http://taekomizutani.com
サービスの流れや料金、講座の内容など基本的な情報を発信。

Q.自分のセールスポイント

無印良品時代に培ったマーケティング力と、既存の収納術を俯瞰できる思考力です。他業種からの転身だからこそ、疑問を持って、解決するためにどう動くかを考えています。SNSや雑誌などでの既存の片づけセオリーは、片づけられない人が見たらどうかを考え、常に使い手の目線で発信しています。

Q.仕事にするまでの経緯

13年間、無印良品で商品の企画やデザインに携わった後、第三子の妊娠で働き方を見直しました。退社を決め、整理収納アドバイザーの資格勉強を開始。その間に自身のウェブサイトをつくって開業届を提出しました。資格取得までの5ヵ月間に、無償で片づけの実績を積み、取得後に本格的にスタート。

Q.楽しいこと、困ること

産後鬱の際に私自身もサービスを受けて、家を整えることの大切さを実感しました。同じように、お客様の気持ちが晴れやかになるサービスができたら嬉しいです。困るのは、ひとりでの活動なうえに、こどもが幼いため時間が限られること。現在、新規のサービスの受付ができない状態です。

Q.具体的な仕事内容

個人向けの「オンライン相談サービス」「訪問サービス」「3ヵ月継続サポート」を提供(現在、新規受付は停止中)。さらに、一般向け講座として整理収納に関する基本を伝え、プロ向け講座では発信から仕事につなげる方法を伝えています。さらに、雑誌や書籍、ウェブメディアでの記事の執筆・監修もしています。

5つの決めごと

1 SNSは「誰よりもわかりやすい」を心がける。

2 整理収納でも、お片づけ講座でも、情報が「見える、わかる」ようにする。

3 お客さまの「片づけたい」の、その先を見つける。

4 誰も幸せにならないから、「パクリ」の商品は人に紹介しない。

5 正解はないし、確定もない。人も暮らしも変わるので、日々トライ&エラーの繰り返し。

扉で隠れるなら、半透明のボックスを

つねづね扉の中まで隠す必要はないと考えている水谷さん。ダイニングの引き戸のなかは、半透明のボックスを使って中身がほどよく見える状態にすれば、家族全員がきちんと片づけられる。

13年間勤めた無印良品からの転身

無印良品での仕事を辞め、自身で仕事をしたいと思ったのは、第三子の妊娠時だったと水谷さんは振り返ります。「商品開発の仕事はとても楽しかったけれど、働き方を変えたいと考えていました。そのときに思い出したのが、新人の頃に一般の方のお宅へリサーチとしてお邪魔したこと。実生活のなかでの商品の使い方や収納方法の質問をいただいても、新人の自分は答えられなかったのです。でも、仕事での経験を積み、子育て中の今の自分ならできるかもしれない、と思いました」。

退社を決め、まずは信頼を得るため、整理収納アドバイザーの資格を取得することに。勉強中にプロに頼んでウェブサイトを開設し、屋号を決めて開業届も出しました。「退社後すぐ、友人のフリーペーパーで片づけのコツを紹介する記事を書きました。配布されたら問い合わせがくるだろうと逆算して動いたのです」。

また、無償の片づけのサービスをこなして実績を積み、無事に資格を取得してから、本格的にプロとしての活動をスタートさせました。

お仕事効率アップ

半透明＆上部空けで一目瞭然

よく使う文房具は、無印良品のポリプロピレン収納ボックスにまとめている。6段のタイプの間を抜くことで、ひと目で中身がわかる。家族もすぐに片づけやすい状態。

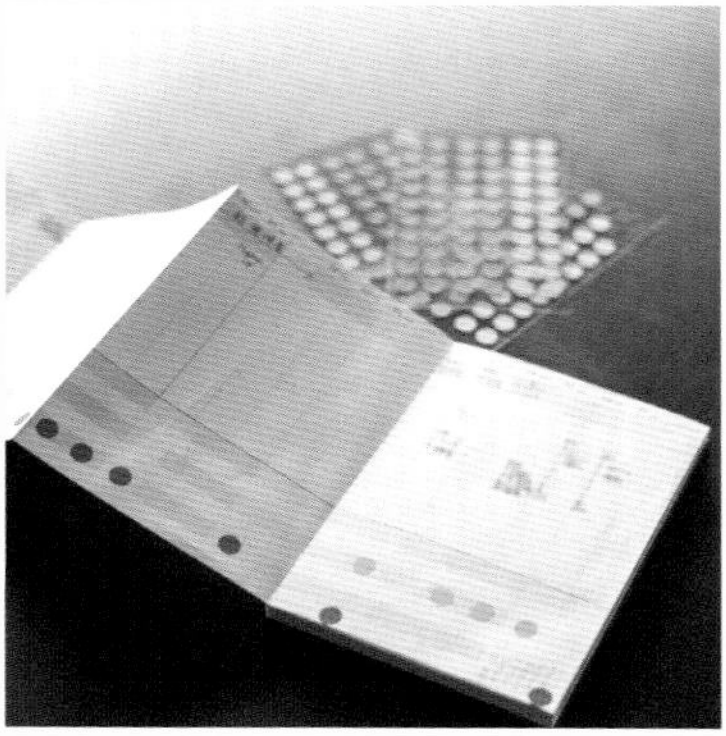

予定はシールで色分け

スケジュールはD-BROSの「クリエイターズダイアリー」を使用。蛇腹式なので長期間のプロジェクトにも便利。整理収納、講座、家族の行事などシールで色分けして見やすく。

書類や文房具は1カ所にまとめる

仕事に関する書類、こどものプリント類、取扱説明書などの「紙モノ」は1カ所に収納。リビングダイニングで使うものは、すべてこの壁面にまとめ、すっきりさせている。

パソコンの定位置を決める

ダイニングテーブルで仕事をするため、背面に棚を設置し、仕事道具をまとめている。食事やこどもの宿題などのときには、さっと片づけやすく、仕事の際にも取り出しやすい。

使う人が片づけやすいシステムをつくる

こども部屋のおもちゃ収納の棚。無印良品の棚とボックスを組み合わせている。ボックスの高さを低くすることで空白をつくり、中身がすぐ見えるようにすれば、こどもも片づけやすい。

後発だからこそ、差別化を意識する

水谷さんが最初に決めたのは、プロ意識を持つこと。『『見習い期間です』と伝えたことは一度もありません。お金を払うお客様の立場に立ったら、見習いには頼みたくないですよね』。信頼を得るために、お客様=使い手の目線に立って考えることを大切にしてきました。自分が本当にいいと思った商品を勧めたいからと、PRの仕事を安易に受けないのも同じ理由から。「自分が発信する情報を信用してもらいたいのです」。

また「(増加するアドバイザーとして)後発組なので、情報の差別化はとても意識しました」ときっぱり話します。水谷さんのインスタは背景が黒いのが特徴。タイムライン上でたくさんの情報が流れていくなか、パッと目を引く写真にしているのです。「白くてナチュラルな写真だとほかの方の投稿に埋もれてしまうので、ビジュアルで圧倒的な違いを出したくて。あとは、寝かしつけの時間に見ている人が多いと考えて、暗いなかでも読みやすいよう、映画の字幕と同じように白抜きの文字にしています」。自分の立ち位置を分析し、読み手の状況を考えた発信をしているというわけです。

SNS活用術

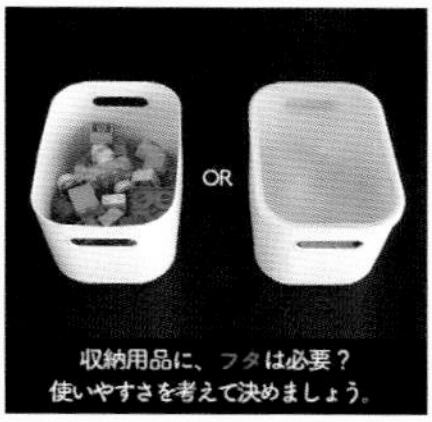

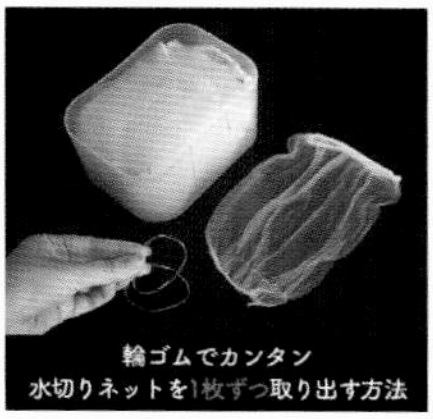

インスタでは、見た人にわかりやすい写真を撮影している。サイズを比べるために中身を隣に置いたり、手を添えることで出し入れしやすさをアピール。

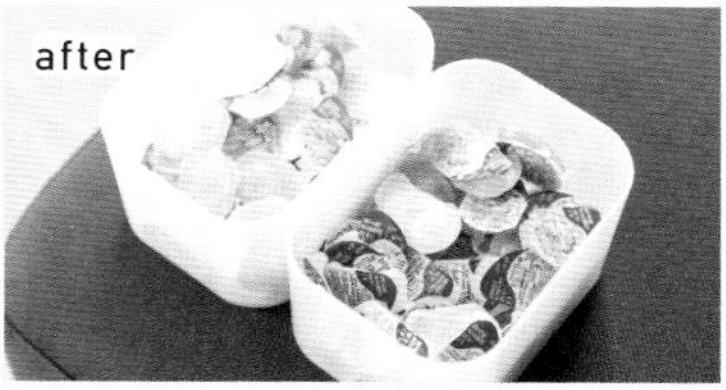

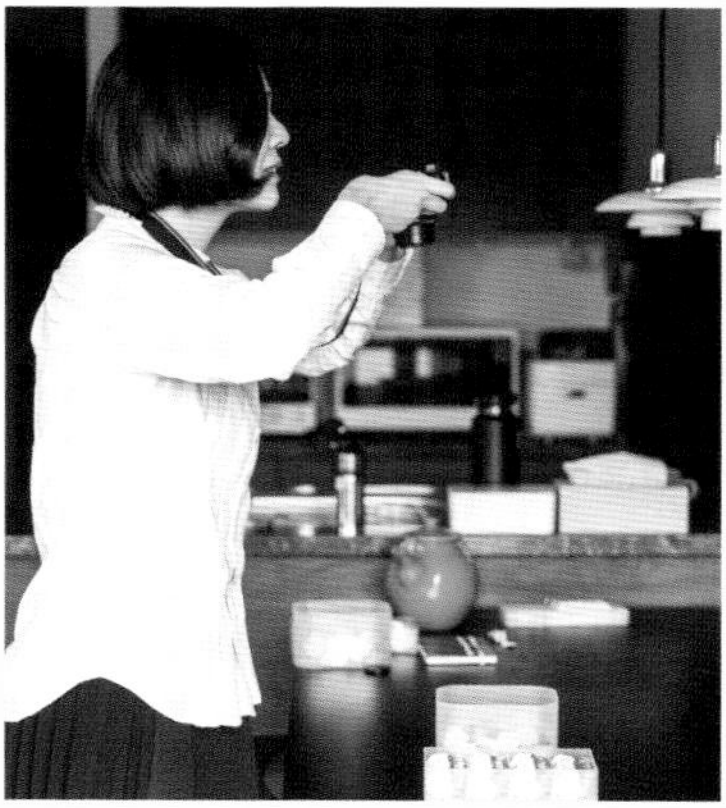

あえてアンチテーゼ例を撮影する

コンタクトレンズの収納法では、「きれいに入れる手間は、本当に必要？」と、あえてbeforeを撮影して問題提起する。afterでより手軽にできる解決策を提案。

インスタは背景を黒に

投稿が目を引くよう、黒いダイニングテーブルを活用して撮影している。前職でフォトショップやイラストレーターを使っていたため、パソコンで加工。

整理収納に対する固定概念を疑う

片づけは、崇高なものではなく身近なものだと、水谷さんは何度もいいます。身近に感じる情報を発信するためには、ときに既存のセオリーにアンチテーゼを唱えることも。そこには、無印良品時代の考え方がいきているそう。「ものづくりでは、確固たる理由がなければいけませんでした。『売れているから』ではなく『既存のものとは、ここが違う。だからいい』と考えてきました」。

そんな水谷流アンチテーゼのひとつに、市販のラベルライターでの仕分けがあります。『ラベルライターを買う』というだけで、ハードルが高く、億劫に感じる人もいるからです。「目的はラベリングすることなので、ラベルライターは買わなくてもできます。身近にあるマスキングテープでも付箋でもいい。我が家は養生テープを使っている場所もあります」と。また、扉つきの収納棚のなかを美しく整えることにも、疑問を呈します。私は「何もかも『隠すことがいい』という考えに違和感があります。それができる人はいいですが、難しい人もいるはず。特に片づけが苦手な人にとっては、扉のなかに中身が見えない箱を用意してラベリングするのは、負担が大きいですよね。半透明の背の低い収納ボックスを選べば、家族みんながどこに何があるかひと目でわかるので安心です」。

この『ひと目でわかる』ことは、水谷さんが大切にしているポイント。特に、こどもはラベルを読んで片づけることを面倒に感じるものです。箱や引き出しを浅くしてすき間をつくれば、中身が見えてぐんと楽になるそう。確かに水谷家のおもちゃやこども服が入っている棚は、上部が空いていてひと目でわかるシステムです。「いちいち考えなくてもいい。細かく分類しすぎないことも大事ですし、こどもがわかる言葉でジャンル分けすることも必要です」。『のりもの』『にんぎょう』といったラベリングの文字からはその姿勢が伝わってきます。

「叶えたいのは、きれいに隠すことではなくて、片づけやすさが続くこと。それが達成できる方法を考えればいいと思います。それに、働きながら子育てをするうえで、自分ですべて抱え込んでしまうと大変ですよね。家族が片づけられれば自分も楽になって、生活が楽しくなりますから」。こうして、いつも使い手の目線に立ち、目的を明確にするからこそ、ブレない提案ができるのでしょう。

水谷妙子さん流片づけ

こどもの洋服はたたまない

こども服は、たたまずIKEAの引き出しへポンポン放り込むスタイル。引き出しの上にすき間があるので、こどもがなかを確認しやすく、自分で取り出せる。

ぱっと見てわかるおもちゃ収納

無印良品の棚とボックスを組み合わせたおもちゃ収納。ラベリングはこどもにもわかりやすく、ジャンル分けも大まかにしている。

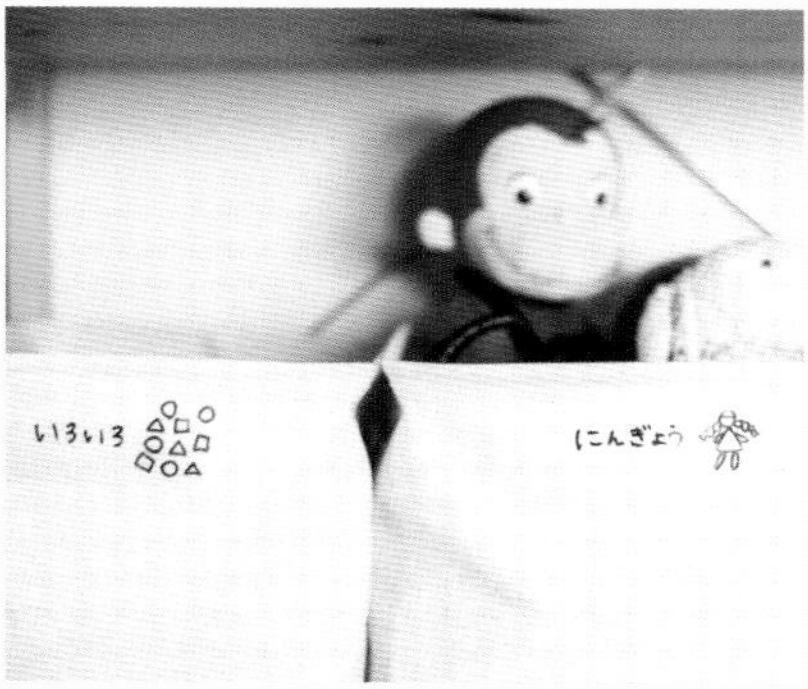

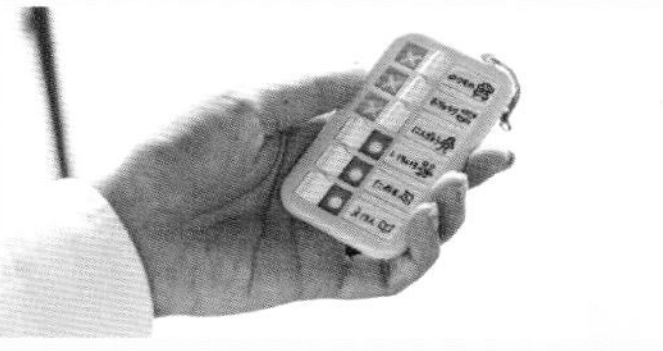

こどもが楽しめる工夫を

片づける際におもちゃを運びやすいよう、空のボックスを用意（写真左）。さらに高齢者用のスイッチを活用して片づけたら達成感が得られる工夫も（写真右）。

仕事道具

内寸が測れるメジャーや板の厚みを測るノギスなど専門的な道具や、ラベリングに使う白い養生テープなど。

収納ケースをいくつか用意。仮でも収納用品の現物を入れてみると、必要なサイズや個数などのアタリをつけやすいそう。

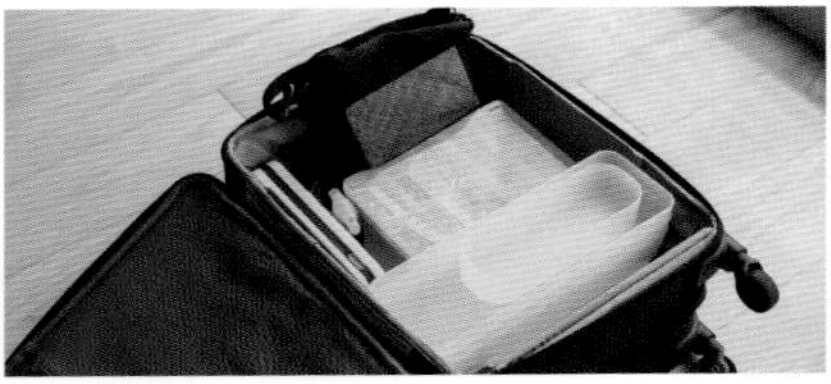

持参するものは、すべてまとめてキャリーケースに収納して現場へ。小さいものはポーチにまとめている。

つくりつけ収納は、棚板を増設すると整理しやすくなる場合が多いので、棚板を受けるダボやドライバーを持参。

プロが発信する情報のハードルを下げたい

身近に感じられるよう、わかりやすい発信をする。使い手の立場で考え、既存のセオリーにとらわれない。水谷さんは、過去の仕事や子育てをするうえで培ってきた信念を大切にしてきました。

起業してから2年ほど経つ今でも、無印良品に勤めていた頃から続けていることがほかにもあるといいます。それは、店をまわって消費の動向をチェックすること。「無印良品だけじゃなく、ニトリやIKEA、セリア、ダイソーなどお客様が買い物に行きそうなお店には定期的に足を運びます。ものを見るのはもちろん、そこに来ている人や買いもののカゴも観察して、この人は何に困っているのかなと想像するのです」。そこから新たに問題を見つけ、解決策を考え、情報を発信しています。

起業してからの1年は、訪問作業や講座をこなしながら時間を捻出し、ファンを増やすためにSNSでの発信に力を入れました。最近は、仕事の幅を広げていくために、公式ラインも始めました。「ひとりでできることには限りがあるので、少しでも交流や発信の場を広げたい。プロ向けのラインを始めたのには理由があります。私自身、プロが発信する情報はときどきハードルが高いと感じることがあります。だから、そのハードルを下げていきたい。異業種から入ってきたからこそ気づけたことを伝えたいと思っています」。

完璧じゃなくていい。負担にならないよう、できることをやればいい。水谷さんの発信する写真や言葉に励まされている人はたくさんいます。

「お金を払って整理収納を頼むことが、当たり前の世のなかにしたいんです」ときっぱりいい切る姿には、頼もしさがありました。

［ある日のスケジュール］

AM	0:00	就寝
	1:00	↓
	2:00	
	3:00	
	4:00	
	5:00	
	6:30	起床
	7:00	朝食、朝のこどもたちの送り出し
	8:30	メールチェック
	9:00	お客様宅の収納リサーチ（ウェブ）
	10:00	オンライン整理収納相談
	11:00	↓
PM	12:00	昼休憩、朝ドラチェック
	12:30	収納用品買い出し
	14:00	インスタの投稿用撮影
	15:00	インスタの編集
	16:30	保育園お迎え
	17:00	夕食づくり
	17:30	夕食
	19:00	こどもたちとお風呂
	20:00	消灯
	21:00	こどもたち就寝、インスタの投稿
	22:00	メディア記事執筆、校正
	23:00	↓

整理収納アドバイザー
ファイリングデザイナー
余白収納デザイナー

清水幸子さん

SACHIKO SHIMIZU

「元銀行員の経験を活かした住まいとオフィスの整理整頓」

個人宅だけではなく、オフィス、店舗までの整理収納を手がける清水幸子さん。業務フローを突きつめて整理、収納をつくり、片づけをキープすること。整理収納を通して、余白をつくることが大切だと考えています。

[お仕事年表]

2002年	「株式会社みずほ銀行」入社
2007年	出産のため退社
2010年	整理収納アドバイザー1級取得
2011年	夫の会社事務手伝い
2015年	整理収納アドバイザーとして活動開始
	ファイリングデザイナー1級取得
2019年	企業内整理収納マネージャー取得
2020年	娘も整理収納アドバイザーとして活動開始

[家族構成]

夫・長女 12歳

[住まい]

神奈川県逗子市／賃貸マンション（築42年）／2LDK 55.5平米

[取得資格]

整理収納アドバイザー1級
ファイリングデザイナー1級
企業内整理収納マネージャー

[主な仕事内容]

個人宅の整理収納サポートサービス
オフィス・店舗の整理収納サポートサービス
芸能関係の方の引っ越しマネジメント
起業家・経営者向けのセミナー
一般の方向けセミナー（整理収納全般、書類整理）

[SNS活用内容]

Instagram @oheyasukkiri
100円ショップ、無印良品、IKEAをメインに、自宅で実践している収納を更新。

Web https://oheyasukkiri.com/
個人宅、オフィスや店舗の整理収納にかかる料金は、依頼の判断材料になるため明記。

楽天ROOM https://room.rakuten.co.jp/room_ecce29a0e6/
実際に使っているものや、気になる整理収納用品を中心に、おすすめを随時更新。

LINE 清水幸子[公式LINE]@sachiko69

メルマガ https://www.agentmail.jp/form/ht/17834/2/
整理することの大切さと本質を伝えたいと、公式ラインとメルマガをスタート。

Q.自分のセールスポイント

整理収納の悩みを抱える主婦のアドバイザーとして、500件以上のサポートを経験。どんな間取りや広さの家でも、すっきり整理収納できます。また銀行員だった経験を活かして、ファイリングデザイナーの資格も持っているので、オフィスや店舗の整理収納サポートも得意としています。

Q. 仕事にするまでの経緯

出産を機に銀行を退社。家のものが必要以上に増え、自己流の片づけに限界を感じて悩んでいたときに、整理収納アドバイザーの資格を知りました。基礎からしっかり学ぼうと2010年に取得。娘が小学生になり、好きなことを仕事にしようと整理収納アドバイザーとして働きはじめました。

Q.楽しいこと、困ること

個人宅でも企業でも、業務フローを突きつめ、それに合わせた整理収納をつくり、片づけをルーティン化すること。その状態をキープすることで、家族やその企業で働く人が笑顔になってくれることがこの仕事の醍醐味。心に余白を持つことの大切さが伝わってくれたら嬉しいなと思います。

Q.具体的な仕事内容

企業内整理収納マネージャーの資格も取得し、個人宅だけでなくオフィス、店舗にも幅を広げ、整理収納のコンサルティングや実践を行っています。また3カ月全6回で、起業家や経営者向けのセミナーを開催。ライフスタイルショップ「KEYUKA」と収納用品の商品開発も行っています。

5つの決めごと

1 考えなくても取り出せる、収納できる(秒で取り出す)仕組みをつくる。

2 SNSは毎日投稿。

3 正しい手順、正しい情報をお伝えする。

4 「捨てる」ではなく「選ぶ」を使う。

5 「余白」を大事にしている。

家族のストレスを解決する、整理収納の仕組みづくり

リビングが仕事場。常にものを見直し、どんどんミニマムになっている清水さん宅。テーマは「家族にやさしい家づくり」。自分が楽になるのはもちろん、家族も困らない仕組みづくりをしている。

家は小さなオフィス

必要最低限のものだけでミニマムに暮らす清水さんの自宅は、まるでオフィスのよう。初めて訪れる人でも、ほしいものがすぐに見つけられる仕組みを体感できる場にもなっています。この仕組みづくりには、清水さんが銀行で働いていた経験が役立っているのだとか。「銀行では書類が多いので、ファイルに番号をふるともとの場所に戻してもらえると気がついたんです。私は家も小さなオフィスだと思っていて、動線は業務フローで決めます」。

小さい頃から引っ越しが多かったという清水さん。大切なものを捨てられないようにするには、片づけなくてはいけないと学んだそう。「銀行に入ったときも、机のなかに共有で使うものが入っていたので、誰でもわかる仕組みが大切だと体感。整理収納しているとそれだけで信頼感につながること、また部分的に整理しても意味がなく、ものを全部出して一気に整えないと時間がかかることなどを学びました。整理すると戻してくれるようになるなどいい影響があって、仕組みで職場の雰囲気は変えることができるのだなと。それは家庭も同じだと感じます」。

お仕事効率アップ

収納用品は、ラベルで誰もがわかりやすい仕組みに

左上から右下にかけて収納ケースにつけた番号は、視覚でどこに何があるか覚えられて場所を間違えることもないそう。左の引き出し収納には衣類を入れ、家族 3人それぞれ色別に。

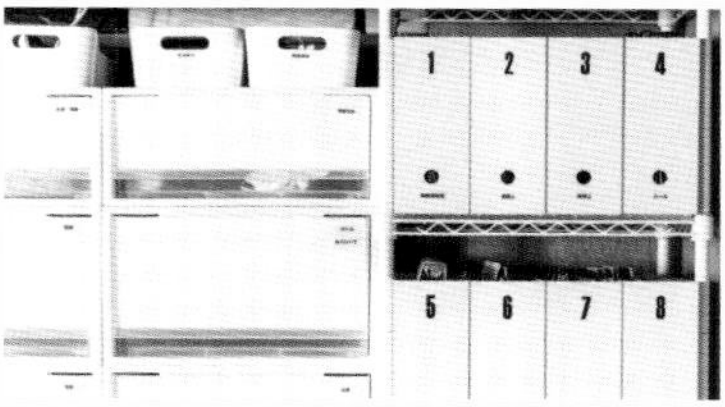

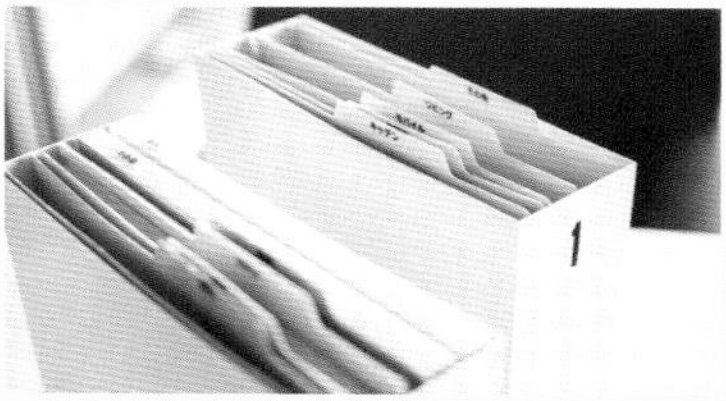

書類は大・中・小で分類する

ファイルケース（大）のなかに個別のフォルダ（中）、さらにクリアファイル（小）に入れて分類。必要なものの見直しが可能。

仕事道具は袋にまとめて

準備時間の短縮と忘れもの防止に。仕事道具のストックは、引き出しにまとめて収納しておくと、在庫管理も簡単に。

〝捨てる〟ではなく〝手放す〟

銀行員時代に整理収納の大切さを学んだという清水さん。整理収納アドバイザーという資格を知ったのは、退社して育児をしていたときでした。「当時、片づけているつもりでも、なかなか部屋がすっきりしないという悩みを抱えていました。勉強して、資格ができた翌年に取得。まずは先輩アドバイザーの内藤理恵子さんのアシスタントに就くことになりました」。

アシスタントとして現場で経験を積むうちに、自分にとって銀行での経験が大きいと気づいた清水さん。企業向けに仕事をしたいと思い、2019年には企業内整理収納マネージャーの資格も取得。そこから企業向けの仕事が増えていったといいます。「整理収納をすると、仕事が効率化します。企業側も整理収納の必要性をわかってきて、依頼が増えてきたと実感しています。企業といっても私は店舗や事務所など、個人宅に近いところを担当することが多い。薬局ならどういう薬の配置にすれば一番動線がよくなるかなど、マニュアル化して店舗展開につなげるお手伝いをしています」。

清水さんは店舗も個人宅も同じく、悩んでいる場所とは別のところが、片づかない原因であることが多いと分析します。「キッチンで悩んでいる人と話していくうちにリビングに原因があることがわかり、家をまるごと片づけたほうが時間的にも効率的ということが多いです」。

整理収納では必ず、ものを全部出すことが前提。引き出しひとつからの片づけとよくいわれますが、清水さんは〝もの〟ごとに全部出すようにしているのだといいます。「ものごとに出すとそれぞれの全量が見えて、そこから分類して必要なものを選ぶので、自分の適正量が見えてくるんです。まずは適正量を知ることが大切ですね」。

そして気をつけているのは『捨てる』という言葉を使わないこと。捨てることにフォーカスをすると心にブレーキがかかり、作業もストップしてしまう人が多いそう。「例えばペンなら、インクがあるからまだ使えるのにと思ってしまって、手放せません。そうではなく何本あればいいか考える。選ぶということを伝えたいので、捨てるではなく結果的に手放すという言葉を使っています。リサイクルに出したり、人に譲ったり、捨てる以外の方法があることも伝えたいですね」。

SNS活用術

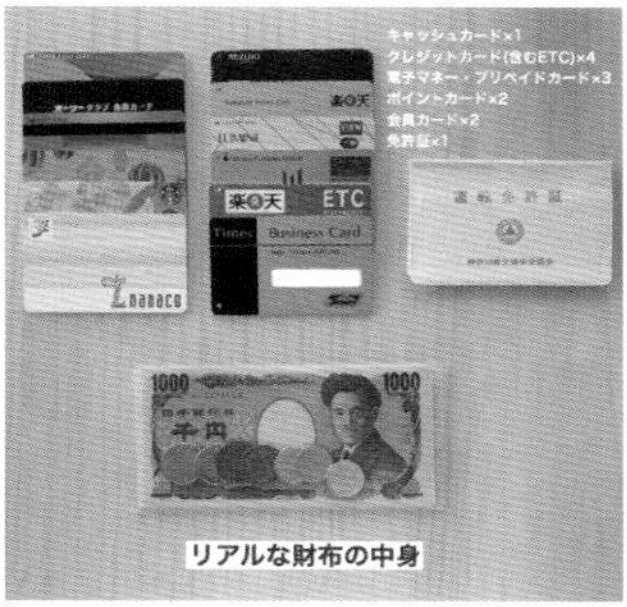

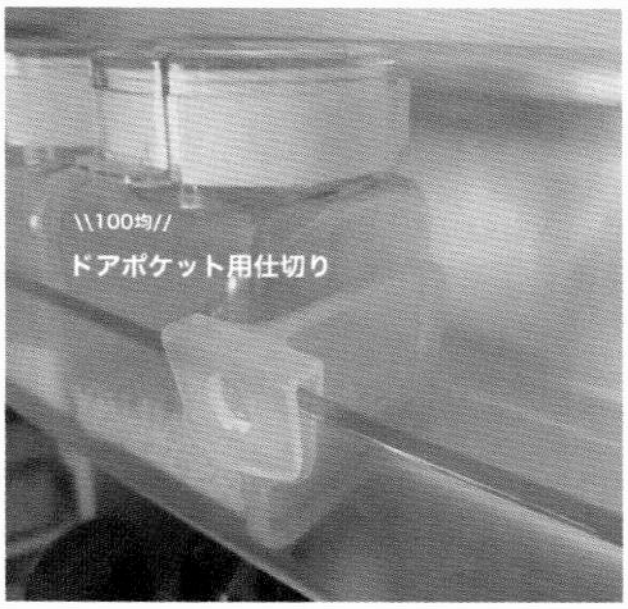

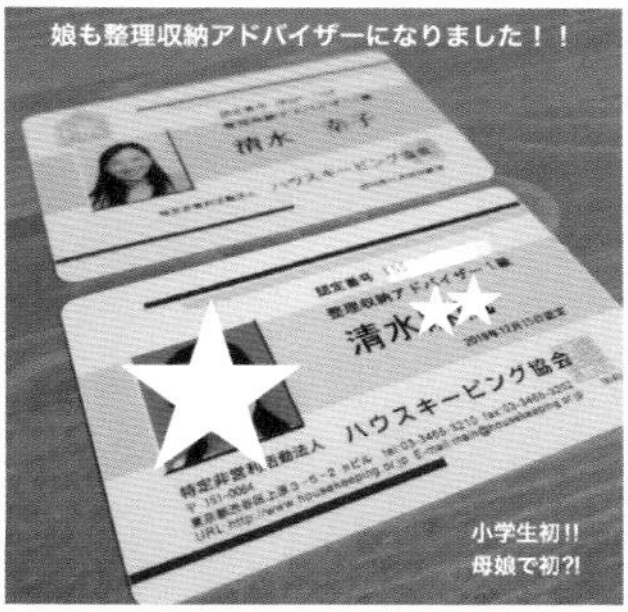

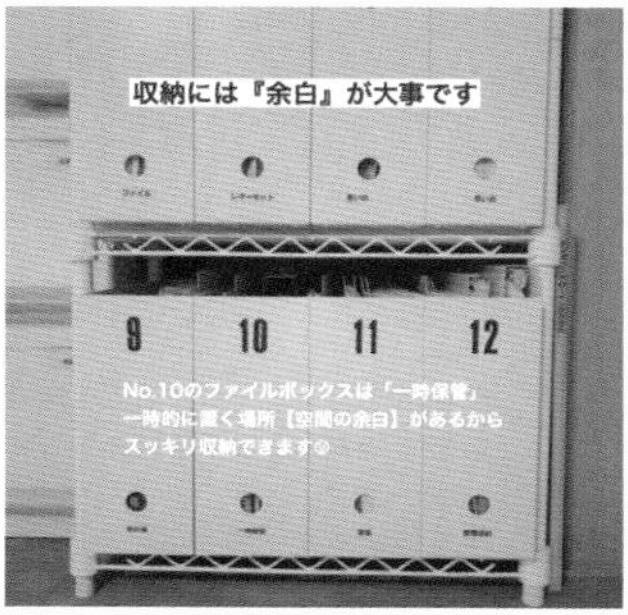

収納の悩みをひと目で解決できるアイデアを紹介

インスタは基本的に毎日更新。見てもらいたい人に届く方法を考え、インスタ講座を開催するほど。一歩引いて見て全体がどう見えるかを考えるのは、インスタも整理収納も同じこと。ものの選び方や使い方まで、説得力のある文章で紹介している。最年少整理収納アドバイザーとなった、娘さんの活動にも注目。

〝余白〟をつくるための整理収納

整理、収納、片づけ。この3つの言葉が、あまり区別されずに使われていると清水さんは感じるそう。「整理はこれから使うものとそれ以外のものを区別したり、使うもののなかで重要度を決めたり、同じ種類のものをまとめること。収納は、整理されたものを決めた場所にきちんと収めること。そして片づけは、日々の生活で散らかったものを整理収納された状態に戻すことをいいます」。その本質が伝わっていないから、整理収納したあとにリバウンドが起きてしまうと考えた清水さんが、もうひとつの柱として始めたのがセミナーでした。「整理収納アドバイザーとして行っているので、もちろん部屋を使いやすくきれいにすることはできるのですが、整理収納の意味がわかっていないとキープができないんです。業務フローを把握した上でそれに見合った整理収納を行い、片づけをルーティン化する。整理収納には終わりがないので、私たちプロが入ったときだけでなく、そのあと生活スタイルが変わっても、継続してやっていただけるようにしたいです」。

やりたいことをぎっしり詰めていると、新しいことを取り込む空間がなくなり、効率的な仕事ができなくなるため、整理収納で〝余白〟をつくることが大切なのだとか。「じつは全部つながっていて、片づけの仕組みをつくり、家や店舗、事務所だけでなく仕事の流れがきれいになると頭に余白ができ、気持ちやお金にも余白ができます。ある起業家の方は、家を整理したら頭の中がクリアになり、本当に自分に必要な業務が何かが見えてきました。そこからさらに業務を整理すると気持ちにも余白ができ、新しい仕事が入ってきたときに、その余白を使って受け入れるかどうか選択ができるようになったんです。さらに、人に仕事を引き継ぐときにも整理収納ができていると、すぐに人にお願いして自分の時間をつくることもできます。整理収納はすべての根源にあるんです」。

そこで清水さんが新しくつくった肩書きが、『余白収納デザイナー』。整理収納の技術を使ってつくることができる、余白の大切さを伝えていきたいのだそう。「仕事や家事の非効率は、余白をつくらないと解決しません。一番いいのはご自身でできるようになること。セミナーを通して伝え、自分でできる人を増やしていきたいです」。

清水幸子さん流片づけ

キッチンはコックピット

来客時にはお湯だけを用意。マグカップは誰にでもわかる場所に。コーヒーや紅茶を無印良品のバスケットに入れて、好きなものを自由に選べるドリンクバースタイルに。

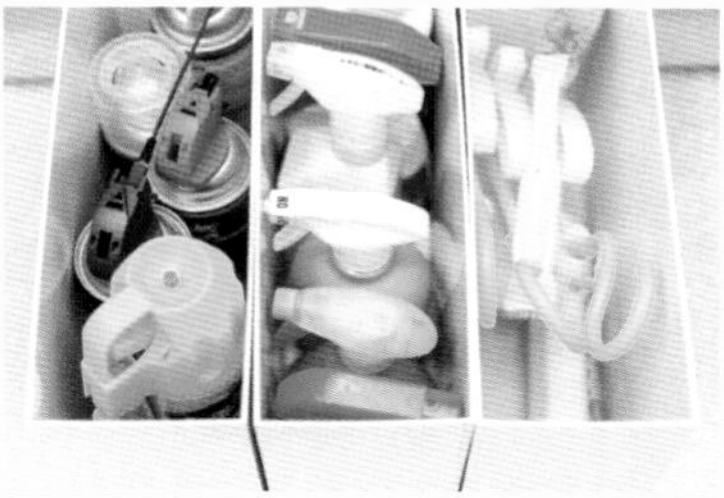

家族がわかりやすい仕組み

洗面台下はカテゴリー分けし、なかは投げ入れてもいい仕組みに。過剰在庫になりがちなので、適量にするため仕切ることも大切。

冷蔵庫はあえて小さく

冷蔵庫を半分以下の168Lにサイズダウン。簡単に管理ができ、無駄なものは買わないようにして、食品ロスを減らす。

仕事道具

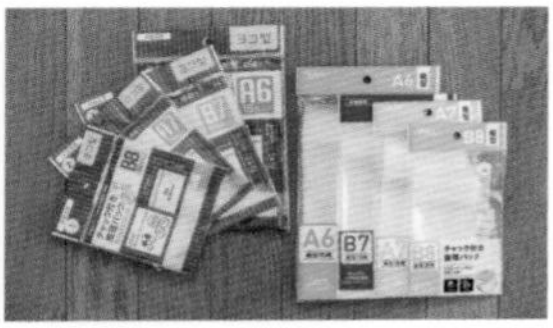

チャック付きの整理バッグは、B8からA6までさまざまなサイズを準備している。

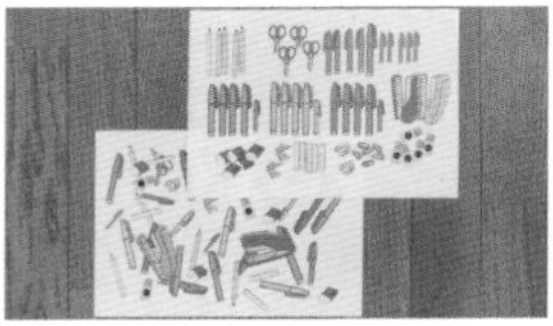

先輩がつくった、整理された状態を伝えるためのイラスト。作業の最初に見せると伝えやすくなる。

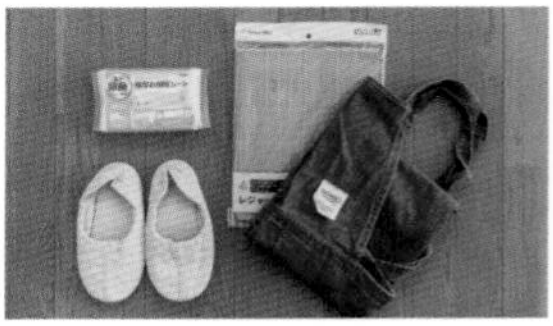

エプロン、スリッパ、除菌シートは必ず持参。場所をつくってものを全部出すためのブルーシートも。

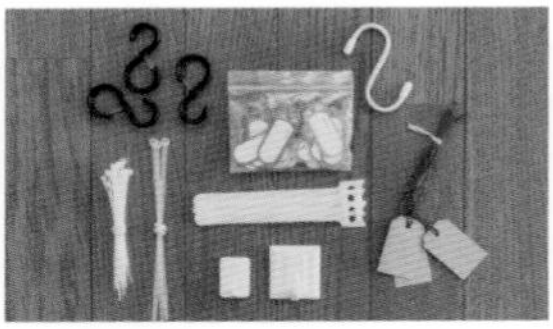

S字フックや結束バンド、ラベルなども用意。それぞれをポーチに入れて、わかりやすくしている。

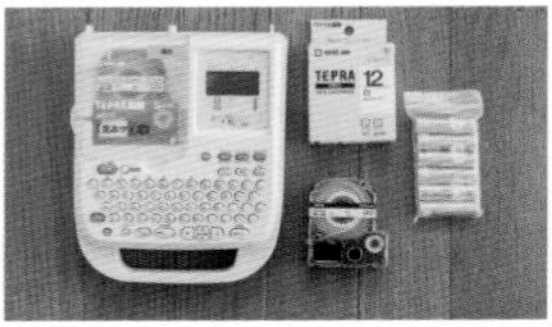

テプラは、最終的にものを収納する場所を決めてから、時間がある場合につくることも。

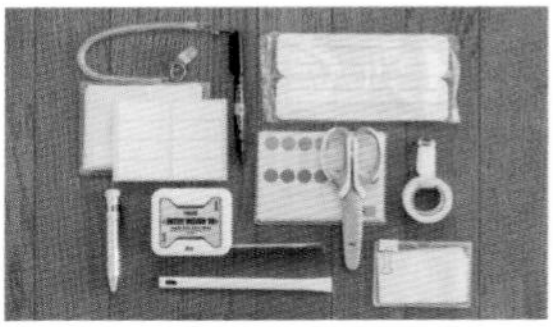

マスキングテープやはがせるシール、マジック、収納用品についているシール剥がしなど。

資格を仕事にしたい人を育てたい

今後は、後輩アドバイザーを育てていく活動もしていきたいと語る清水さん。「先輩アドバイザーの中山真由美さんとずっと話していることなんですが、せっかく資格を取っても、どう働いていいのかわからない人が多いと思うんです。ふたりとも湘南に暮らしていることもあり、このエリアで資格を取って仕事にしたい人を集めて、例えば仕事に同行してもらって経験値を上げてもらうことなどを考えています。ひとりで最初から活動するのは勇気がいるし、仕事道具も何を持っていったらいいかわからないと思うんですよね。私自身、アシスタントをした経験がいろいろなところに結びついていると実感しているので、そんな機会をつくっていきたいと思っています」。

資格を持つ人が増え、その活かし方もさまざま。整理収納アドバイザーの仕事も細分化されてきているといいます。「インテリアに強い人や発達障害の方に向けて活動する人、私なら個人と起業家をセットにするなど、得意なことを活かして仕事にしている人が増えてきています。経験を重ねるうちに、自分に向いているものがわかっていくもの。同じエリアで一緒に活動しながら、お互いに高めあっていければいいなと思います」。

そんな清水さんの一番の後輩は娘さん。最年少で資格1級を取得し、整理収納アドバイザーとしてこどもの片づけのサポートをする活動を始めたところです。「こどもだからこそできるアドバイスがあると思うので、私は口を出さず、娘ひとりで整理収納を行っています。こどもも整理収納を学び責任を与えると、何かが起きたときにどうしたらいいか判断できるようになります。私は娘に勉強させておいてよかったなと思います」。

［ある日のスケジュール］

AM	0:00	デスクワーク
	1:00	就寝
	2:00	↓
	3:00	
	4:00	
	5:00	
	6:00	
	7:00	起床・朝家事
	8:00	移動
	9:00	↓
	10:00	整理収納サポートサービスorセミナー
	11:00	↓
PM	12:00	
	13:00	
	14:00	
	15:00	
	16:00	
	17:00	
	18:00	移動
	19:00	↓
	20:00	夜家事
	21:00	↓
	22:00	デスクワーク
	23:00	↓

整理収納アドバイザー

能登屋英里さん

EIRI NOTOYA

「店舗ディスプレイで培ったセンスと技術を活かしていく」

アパレルの店舗ディスプレイの仕事をしていた能登屋さん。片づけに関しても使い勝手はもちろん、見た目のインテリアまでこだわって発信しています。そのセンスのよさにサービスを受けるお客様も増え始め、仕事の幅を広げるべく活動中です。

[お仕事年表]

2002年	「株式会社ユニクロ」入社
2005年	本社ディスプレイチームへ異動
2008年	ニューヨーク留学
2009年	ワーキングホリデーでパリへ
2010年	帰国
	「株式会社サザビーリーグ エストネーションカンパニー」に転職
	本部ディスプレイチーム所属
2012年	結婚
2014年	整理収納アドバイザー1級取得
2016年	第1子出産にて育休
2017年	仕事復帰
2019年	退社
	住宅収納スペシャリスト取得
	親・子の片づけインストラクター2級取得
	独立

[家族構成]

夫・長女4歳

[住まい]

東京都世田谷区／マンション（築49年）／1LDK＋WIC 52平米

[取得資格]

整理収納アドバイザー1級
住宅収納スペシャリスト
親・子の片づけインストラクター2級

[主な仕事内容]

個人宅やオフィスの整理収納訪問サービス
個人宅の間取りやインテリア相談
自宅等で整理収納セミナーの開催
雑誌での整理収納関連の監修
雑誌媒体からの自宅取材を受ける
モデルルームの収納スタイリング
自宅をモデルとしたウェブサイトや冊子のライター

[SNS活用内容]

Instagram @eiriyyy_interior
@eiriyyy_interiorservice

@eiriyyy_interiorでは自宅の収納法やリノベの情報を発信。
@eiriyyy_interiorserviceでは訪問サービスの様子を解説している。

Blog https://plaza.rakuten.co.jp/eiriyyy/

「日々丁寧な暮らしを」をテーマにサービス内容・料金体系など基本的な情報やセミナーのお知らせを発信。

Q.自分のセールスポイント

前職と自宅のリノベの経験を活かした提案ができることです。片づけ術に加え、好きなテイストのインテリアを考えたり、リノベに備えた収納法や住宅設備を提案したり。また、子育ての知識を活かして、こどもと一緒にできる片づけ法や感性を育てるおもちゃの選び方もお伝えしています。

Q.仕事にするまでの経緯

店舗ディスプレイの仕事をしていましたが、子育てとの両立は難しいのではないかと想像し、妊娠前に資格を取得しました。育休後に復帰してから様子を見て、独立。SNSで自宅のリノベの様子をアップしていたこともあり、独立前から少しずつ片づけサービスの依頼が入るようになりました。

Q.楽しいこと、困ること

お客様に「自分のストレスの原因に気づけました」と喜んでいただけることが嬉しいです。困ったのは、やる気が強いあまりに、訪問サービスに行く前にお客様が収納用品を買い込んでしまっていたことです。プランから練り直しになるので戸惑いましたが、でもそれも勉強だと感じました。

Q.具体的な仕事内容

個人宅の訪問サービス、自宅でのセミナーのほか、モデルルームの収納スタイリングや個人宅のインテリア相談の仕事をしています。今後は工務店や設計事務所とコラボして、リノベでの収納提案もやってみたいですし、こどもの教育まで広げたお片づけ術なども伝えていきたいと思っています。

5つの決めごと

1 アパレルのディスプレイ経験を活かした、見せる収納を提案する。

2 お客様の収納図面はイラストレーターで作成する。

3 こだわりのあるアイテム選び、無印良品や100円ショップなど新商品情報もすばやくチェック。

4 夫婦で家事分担し、仕事時間を確保。(自宅の収納は夫にもわかりやすくし、家事しやすい環境に)

5 メールやインスタでのお問い合わせのレスポンスは早く行う。

ディスプレイで磨いたセンスを活かす

ただ片づいているだけではなく、見栄えよくディスプレイする。能登屋さんの自宅を見まわすと、どこも厳選された家具や雑貨でインテリアを楽しんでいることがわかります。「もともと店舗のディスプレイの仕事をしていたこともあって、隠すよりも『見せる収納』が好き。家族が楽しく暮らせる家をつくりたいんです」。

芸術大学のファッション科を卒業してからユニクロに入社。店長となってからは販売だけでなく、店頭の商品の陳列やディスプレイまで気を配るようになったそう。その手腕を買われて、全国の店舗をまわるディスプレイチームへ異動になります。「新規オープンの店でどう商品を見せるかが仕事の中心になっていきました」。

さらに、キャリアアップを考えて海外留学し、フランスのユニクロ新店舗の立ち上げでは、ビジュアルマネージャーを担当。帰国後は別のアパレルでのディスプレイの仕事に就きます。そうして忙しく働くなか、整理収納アドバイザーに興味を持ったのは、結婚して出産後の働き方を考えたことからでした。「ディスプレイの仕事は開店前や閉店後なので、早朝や深夜に働かなければなりません。楽しい仕事ではあったのですが、こどもを産んだら厳しいだろうと思っていました。そこで妊娠前に、週末を利用して勉強し、整理収納アドバイザーの資格を取得したんです」。妊娠出産を経て、ディスプレイの仕事に復帰したものの、抱いていた予感が的中し、思い切ってフリーランスで働く道を進むことになりました。

独立を考え始めた頃、ちょうど自宅のマンションを購入し、リノベーションしていたのだそう。その様子をインスタやブログで発信していたところ、雑誌などからの自宅取材が増え、少しずつ整理収納アドバイザーの仕事も入ってきました。「反応があったので、転向しても大丈夫かなと思いました。ただ、金銭的なことも考えて、もとの会社の業務委託社員としてディスプレイの仕事を続けながらということに」。いきなりの独立は不安なもの。かといって、もとの仕事を続け、かつ、子育てもし、アドバイザーとして働くには時間的にも体力的にも限界があります。前職とのつながりをうまく残しながら収入面の確保をし、少しずつアドバイザーの仕事を増やしていったというわけです。

お仕事効率アップ

スケジュールは夫婦で共有

グーグルカレンダーを活用し、スケジュールを夫婦で共有。土日にサービスの仕事依頼が入ることもあるので、すぐに夫の予定がわかるとレスポンスもすばやくできる。

採寸は写真に書き込む

自分もお客様もわかりやすいよう、採寸した数字は画像データ上に書き込むスタイル。デジタル化しているので、iPadに資料がすべて入っているためどこでも仕事ができる。

情報はデータ化して管理

パソコンやiPhone、iPad、Apple Watchなどすべて連携させて、データを見られるようにしている。写真やスケジュール、メールなど、どこでも確認できて便利。

仕事道具は1カ所にまとめる

ダイニングで仕事をするので、すぐ横の棚に仕事で使う道具や掲載誌などをまとめて収納。デジタル化しているので、すべてのツールをここで充電できるようにしている。

自宅を題材にリノベの情報も発信

築50年ほどのマンションをリノベーションした能登屋さん宅。家族の物量や自身の好みから、どこにどんな収納スペースをつくるか、どんな設備を入れるかを考えていった。そのリアルな情報発信も人気。

個性を活かし、幅広い発信をする

店舗ディスプレイの仕事に加え、リノベーションに力を入れていたこともあり、能登屋さんのインスタは収納からインテリアまで幅広い情報が発信されています。単に片づけのテクニックを伝えるだけではなく、好きなテイストをつくるための家具選びや、改装時の住宅設備のポイントなどがわかりやすく綴られています。また、子育て中の経験から、おもちゃ収納だけでなく、おすすめの知育玩具や成長に合わせた家具選びのコツを紹介することも。整理収納の枠にとらわれない発信にフォロワー数はどんどん増えてきているのです。

一方で、仕事内容を紹介する専用アカウントもあります。「訪問サービスの様子を伝えるものです。自分の家のことや収納に関する情報とはアカウントを分けて、管理しやすくしています」。訪問サービスの事例は、片づける前と後の写真を掲載することで、どんな問題をどう解決したかをわかりやすく説明。インテリアが好きな人も、片づけに困っている人も、こどものおもちゃに悩んでいる人も、それぞれに楽しめるSNSなのです。

SNS活用術

こどもの脳を刺激！
感性や色彩感覚を育む玩具

WODDYPUDDY スイーツセット

マーナの極お米保管袋と計量カップ

ガスコンロはリンナイデリシア(ゴールド)

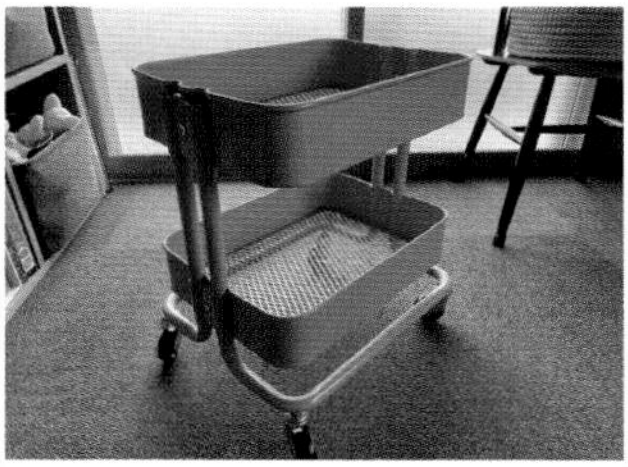

IKEA RASKOGワゴン2段仕様にしました

バンカーズボックス新調しました✨

こどもの片づけから家具選びまで広く発信

収納術や自身の考えなどを発信するのはインスタが中心。こどもの片づけについての言葉のかけ方や、おもちゃ選びの基準、リノベの際にどんな視点で住宅設備を選んだか、さらには食品類の収納法や家具の使いこなしなど、多岐にわたる発信をしている。独自のセンスで統一感があるからこそできること。

こどもの感性を育てることを大切にする

リビングにあるこどもコーナー。おもちゃや絵本などを棚にまとめて、片づけしやすいシステムに。感受性を育てるために選んだという色づかいのきれいなおもちゃは、棚の上に出しっぱなしでも見栄えがいい。

デジタル化で効率よく進める

整理収納アドバイザーは、資格を取得しても仕事の進め方まで学べるわけではありません。能登屋さんは『整理収納アカデミアマスター』の大熊千賀さんのもとで学んでいるそう。「独立してから時間に余裕ができてもっと勉強したいという気持ちがあったので、1級の認定講師だった大熊先生の提携スタッフとして働いています」。

一方で、前職を活かした仕事の進め方も大切にしています。効率アップのためにデジタル化を意識しているというだけあり、仕事道具のまわりには書類がほとんどありません。「写真も情報もパソコンやiPadで管理しています。訪問サービスでの寸法も直接画像データに書き込みますし、図面もデジタルです」。

Apple Watchでは、グーグルカレンダーでのスケジュールの通知がきたり、モバイルスイカと会計ソフトを連携させたり。また、インスタだけでなくピンタレストでも海外の流行をチェックし、経営学はヴォイシーやユーチューブで勉強。自分に合うツールを使いこなして、日々の仕事に活かしています。

能登屋英里さん流片づけ

ディスプレイの腕を活かす

壁に取りつけたワイヤーシェルフに帽子をまとめている。アパレルでディスプレイを担当してきたからこそのセンスが光る。

家事をスムーズにする収納

洗濯機まわりは洗剤やハンガーなど使うものをすぐ手に取れるように配置。ご主人もどこに何があるかわかって洗濯しやすい。

好きなものをあきらめない

ものを減らすのではなく、好きなものを選ぶのが能登屋流。デザインや素材にこだわれば、見える収納でも気持ちがいい。

見せる収納＝出し入れしやすい

よく使うキッチンツールや調味料は、棚やバーに収納。出しっぱなしでも見栄えがいいよう、素材や色を統一している。

仕事道具

家具をその場で組み立てることもあるので、電動ドライバーは必需品。BOSCHのレーザー距離計のほか、細かい部分はメジャーで測るなどして使い分けている。訪問サービス時には、メモ機能や写真を撮って採寸した数字を書き込んだりするのにiPadを活用。ラベリングのためのピータッチなどを持参することも。

個性を活かした仕事をしていきたい

独立した年には『住宅収納スペシャリスト』と『親・子の片づけインストラクター2級』の資格も取った能登屋さん。自身のこれからの働き方を見据えてのことだと話します。「自分がリノベーションをするときには、壁や床を選ぶのはもちろん、どこにどんな収納があったら暮らしやすいかをすごく考えてプランを立ててました。見た目だけじゃなく、使い勝手の面からもリノベーションに携わっていきたいと思って『住宅収納スペシャリスト』の資格を取ったんです」。どんな暮らしをしたくて、住まいを変えるのか。どんなものを持っていてどれくらいの量のものをどこに収めるのか。建築士や工務店では対応しきれないこともたくさんあります。整理収納アドバイザーという存在がいるだけで、ぐんと暮らしやすい住まいが実現するというわけです。

また『親・子の片づけインストラクター2級』の資格を取得したのはおもちゃの収納に限らず、自身がインスタで発信しているように幼児教育の分野まで広げた提案をしていきたいという思いから。「子育てをしていて感じたのが、片づけをきっかけにした教育というものがあるんだということ。ものを選びとる力や、おもちゃの色や形から感受性を豊かにすることもできるんです」。〝片づけ〟というひと言ではあるものの、それは習慣を身につけるということでもあり、先を読む想像力を養うことでもあるのです。

他業種からの転身だからこそ、片づけの魅力に気づき、幅広い発信をしている能登屋さん。「まだ独立したばかりですが、いろいろやってみたい」と楽しそう。整理収納の可能性をさらに広げてくれるに違いありません。

［ある日のスケジュール］

AM	0:00	
	1:00	
	2:00	
	3:00	
	4:00	
	5:00	
	6:00	起床
	7:00	弁当と朝食づくり、洗濯準備
	8:00	主人がこどもの送り出し、片づけ
	9:00	仕事スタート
	10:00	お客様宅の収納プラン制作など
	11:00	インスタの写真加工など
PM	12:00	昼食
	13:00	打ち合わせや個人宅下見など
	14:00	（外出している間にルンバ）
	15:00	
	16:00	移動
	17:00	こどものお迎え
	18:00	夕食づくり
	19:00	お風呂、片づけ
	20:00	こどもと遊ぶ、寝かしつけ（夫のときも多い）
	21:00	保存していたインスタの投稿（週2～3回）
	22:00	就寝
	23:00	

整理収納アドバイザー

NANAKOさん

NANAKO

「幸せになる　クローゼット収納術」

NANAKOさんが伝えたいのは、ものを捨てるだけじゃない、好きなものに囲まれて暮らしを楽しむための片づけ。ものを減らすことで、自分にとって本当に必要なもの、好きなものが見えてきます。「片づけはシンプル、誰でもできる」とポジティブに伝えています。

［お仕事年表］

2001年	アパレル販売スタート
2005年	アパレル会社就職
2009年	結婚
2010年	転勤生活スタート
2012年	退社
2013年	整理収納アドバイザー2級取得
	ブログ開始
	吉川永里子代表
	「Room＆me」のスタッフに
2014年	整理収納アドバイザー1級取得
2015年	第一子出産
2017年	独立
	ビジュー式片付けカードワーク®
	インストラクター取得
2019年	インスタを本格開始

［家族構成］

夫・長女4歳

［住まい］

埼玉県さいたま市／一戸建て（築1年）／4LDK98平米

［取得資格］

整理収納アドバイザー1級
ビジュー式片付けカードワーク® インストラクター

［主な仕事内容］

メディア出演（本、雑誌、ウェブ、テレビ、SNS、アプリ、ほか）
執筆
監修
個人宅のお片づけ作業＆コンサルタント
お片づけセミナー

［SNS活用内容］

Instagram　@nanako_original_living
自分らしさを伝える写真と、載せるべきと思った収納テクニックだけを厳選してアップ。

Blog　https://ameblo.jp/maenana0105/
好きな西海岸テイストのインテリアともの選びを中心に、片づけの理論を発信。

Q.自分のセールスポイント

片づけはものを減らすだけでなく、暮らしを楽しむことが目的。買う楽しみも伝えていきたいから、手放して片づけた先にある、好きなものに囲まれる暮らしを提案。見た目から入ることで、自分のテンションをあげて楽しむこともできます。片づけをキープするためには大切だと考えています。

Q.仕事にするまでの経緯

夫の転勤を機に、10年間働いたアパレル職を退職。偶然、雑誌で整理収納アドバイザーの資格を知り、すぐに通信講座で勉強。資格取得後、参加したイベント『整理収納フェスティバル』で整理収納アドバイザーの吉川永里子さんと出会い、アシスタントに。出産を挟んで4年間アシスタントを勤めたのち、独立しました。

Q.楽しいこと、困ること

片づけができなくて、後ろめたさを感じている人に大丈夫だよと伝えたい。そういう人が片づけを習慣にできるようになったとき、やりがいを感じます。私自身、困っているのは、機械に弱いこと。ウェブサイト制作など、苦手なことはプロの力をお借りします。

Q.具体的な仕事内容

雑誌や書籍などのメディアの仕事を中心に、口コミで依頼を受けて個人宅の「お片づけレッスン」を週に1回ほど。ときどき、師匠の吉川永里子さんのアシスタントもしています。また少人数で自宅セミナーも開催。今は娘が小さいので、仕事より家族との時間を優先しています。

5つの決めごと

1 収納は「ラクに・簡単に・シンプルに」みんなができる仕組みづくりを。

2 お片づけをするときは「気持ちよく・潔く・折り合いをつける」。

3 収納グッズや収納法のトレンドは常にチェック！

4 「モノ・時間・行動・考え・言葉」の整理など、引いて見えてくるものが何かを考える。

5 仕事より家庭が第一優先。今できる範囲で無理なく働くという選択。

ハワイをイメージした、リゾートテイストのインテリア

白とブルーを基調としたリビングダイニング。NANAKOさんのお部屋に憧れ、収納だけでなくインテリアの相談も兼ねて依頼する人も多い。家族の共有スペースには、私物を置かないのがルール。

引っ越しを重ねてもできる仕事を

小さな頃から片づけが得意で、模様替えやインテリアに興味があり、先生に友達の机のなかを片づけてと頼まれることもあったというNANAKOさん。大学生の頃からアルバイトをしていたアパレル会社を夫の転勤によって退社し、転勤を重ねるにつれて、どこにいても自分でできる仕事はないか考えるようになったのだそう。

5回の引っ越しを繰り返し、そのたびにものを減らしたり、それぞれの家に合った収納を考えることに楽しさを感じていたNANAKOさんにとって、雑誌で偶然知った整理収納アドバイザーは、直感的にやりたいと思った仕事だったのだとか。「資格を取ろうと思ったと同時に、ブログをスタートさせました。通信講座で資格の勉強をした私は人との繋がりもなかったので、誰か先生を見つけて経験を積まないと、アドバイザーになれないのではないかと思いました」。そんなときに参加したのが『整理収納フェスティバル』。意気投合した参加者に「吉川永里子さんのアシスタントをしたい」と話したところ、幸運にも紹介してもらうことができ、アシスタントとして活動をスタート。

お仕事効率アップ

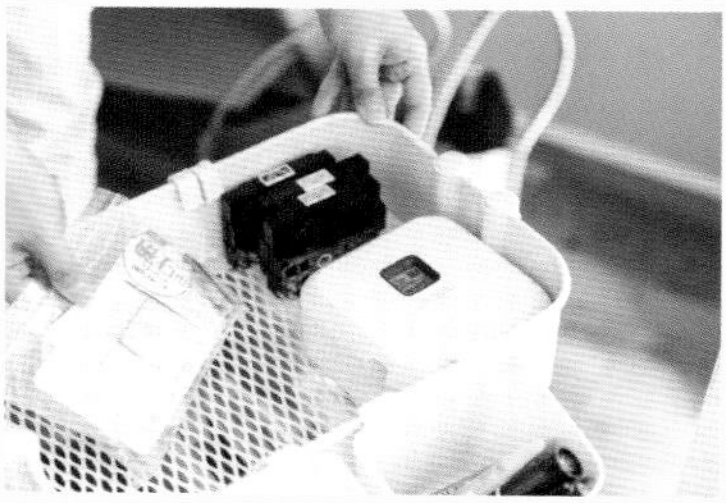

仕事のものが置ける余白を

IKEAのワゴンは仕事があるときにものを置けるよう、基本的には何も入れない。資料や情報は仕事ごとにファイルで分け、終わったものから、ファイルを解散させている。

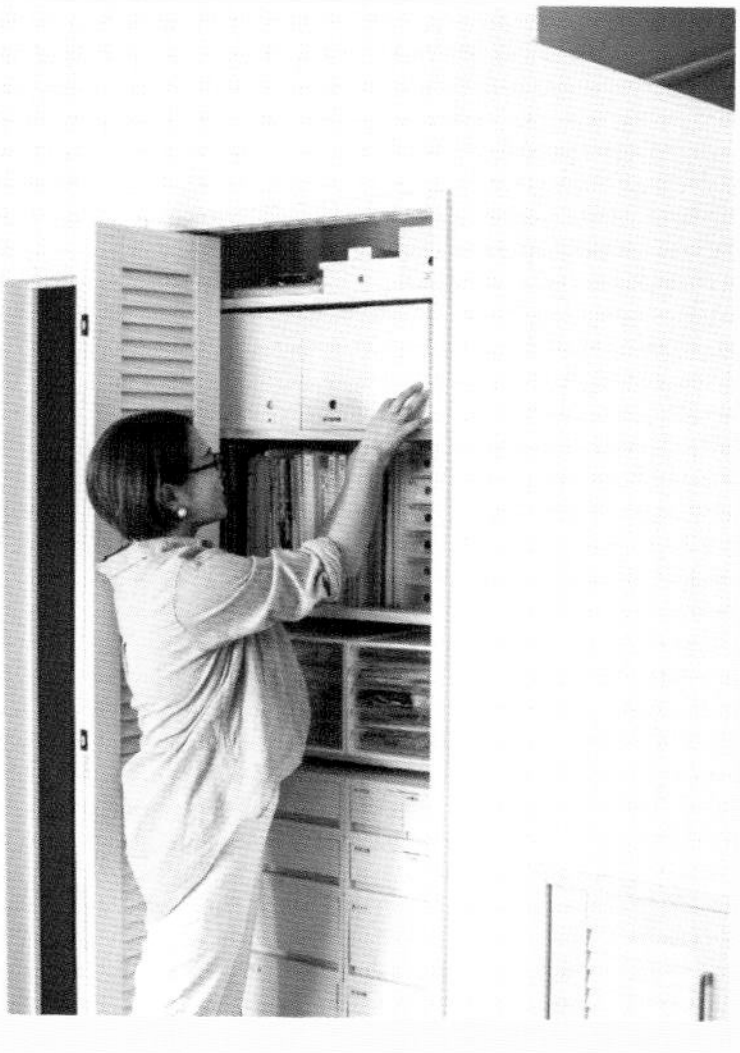

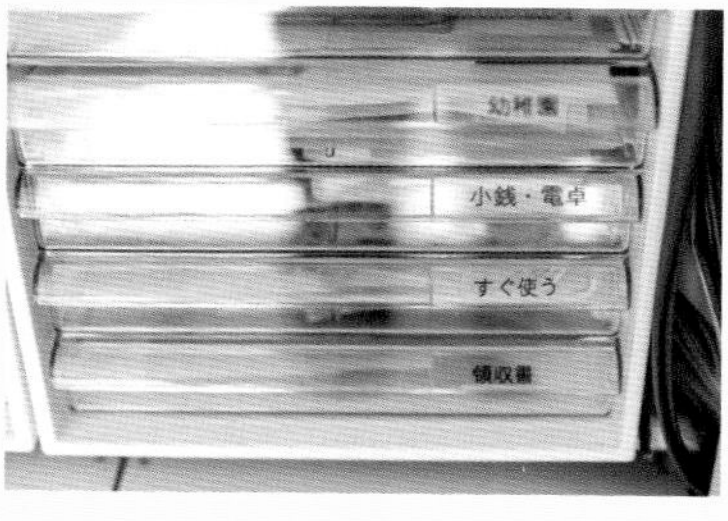

家族で使う共有のものを収納する、クローゼット術

文房具や薬、書類まで、すべてリビングの収納に集約。無印良品やニトリの引き出し式収納用品をきれいに並べたクローゼットは圧巻。どこに何があるか家族がすぐにわかり、使った後にきちんともとの場所に戻せる仕組みをつくっている。

心が動かないとものも動かない

4年間務めたアシスタントを独立した現在も、師匠である吉川永里子さんが依頼を受けた撮影などを定期的に手伝い、勉強を続けているというNANAKOさん。現場では荷物を全部出したり、ものをカテゴリーに分けて選びやすくするなど、黒子に徹するのが基本。「お客様と1対1でお話をしていくことが、片づけでは一番大切。お客様への整理に対するアプローチは十人十色ですので、とても勉強になります。修正して、その人の理想まで導いていくことが、この仕事のやりがいであり難しいところだと思います」。

個人宅の片づけの現場を数多く経験して学んだのは、「心が動かないと、ものもまったく動かない」ということ。そのために、独自に編み出したのが〝ワーク〟。「例えばクローゼットの整理なら、お客様がどんな服を残したいかがわからなければ手放せません。だから最初に、雑誌を切ってお客様のなりたいイメージをつくったり、1週間のスケジュールを書き出してもらい、その予定と自分のクローゼットにある服が合っているか考えてもらう〝ワーク〟をするんです。そうすると、月に1、2回着るかどうかの服の印象より、普段着ている服がその人のすべての印象を決めていることに気がつけます。そこからどの服を手放して、何を買うべきか考えてもらいます」。限られた時間のなかで暮らしやすい家にするために、ワークを通してイメージをつくっておくと、納得できるせいか片づけが格段に早く進むといいます。「私のSNSを見て依頼してくださる方は、こういう収納にしたいという理想を持っている方が多い。片づけたいだけではなく、こういう風になりたいという気持ちがあると思うんです。だから手放すだけではなく、手放した先の暮らしも一緒に提案するように心がけています。収納用品は好きなものを選んだ上で、なかをきちんと整理すれば十分だと思っています」。新しくものを買う楽しさも伝えてくれるのは、アパレル出身のNANAKOさんならでは。SNSではこれと決めた写真だけをアップし、自分らしいライフスタイルを見せることでファンを増やすことが大事だと考えています。「ファンになっていただいた方のお宅に行くと、私の片づけ方が好きで頼んでくださっているので言葉が響き、作業も早くなります」。

SNS活用術

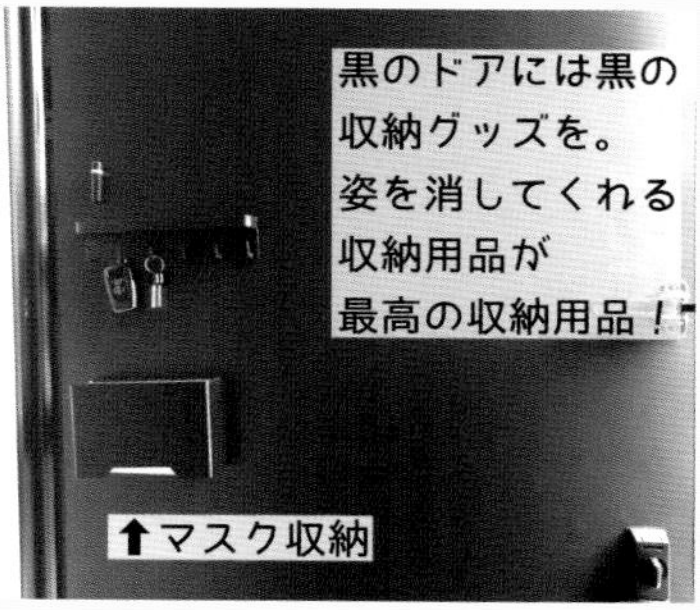
黒のドアには黒の
収納グッズを。
姿を消してくれる
収納用品が
最高の収納用品！
⬆マスク収納

寝室には
何も
置かない

ベランダ周りで使う
モノを集結した
家事ワゴンが
最高に便利

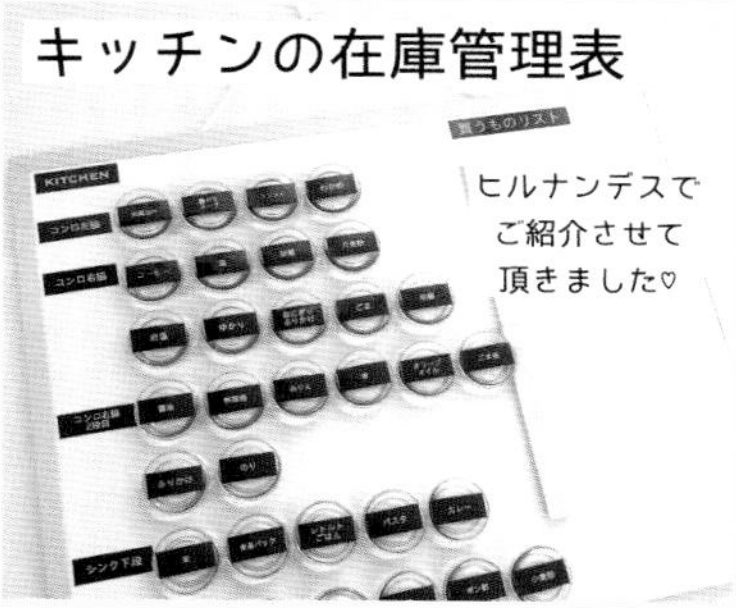
キッチンの在庫管理表
ヒルナンデスで
ご紹介させて
頂きました♡

キッチンのゴミ箱は
縦に分別♡
これ→

こども用のステップ、
ちょっと邪魔だよ問題。
解決法は、、、

シンプルに見せながら、考えつくされたアイデア

SNSの更新頻度は少ないものの、伝えたいと思ったことは何度もアップ。SNSでは片づけのポジティブな側面が伝わるように意識して書いているそう。続きを見たくなるような言葉選びも印象的。色を合わせて収納用品の存在を消す、安全性を優先したもの選びと収納術、家事を楽にするアイデアなどが参考になる。

準備から片づけまで、自分で管理できるこどものおもちゃ収納

おもちゃはすべて定位置が決まっているため、4歳の娘さんも準備からお片づけまでひとりでできるそう。使ったらもとの場所に戻して、入らなくなったら自分で必要なものを選び、手放している。

誰でもできる収納の大切さ

SNSを見ていると、収納をがんばりすぎて疲れている人が多いと感じるというNANAKOさん。「そこまできれいにしなくて大丈夫と伝えたい」といいます。「たくさん入っているから収納しにくいだけで、ものを少し減らせばそのままでもいい。そのくらい肩の力が抜けた感じでないと、ストレスになることも。そのゴールは、家族にはできますか？　特にリビングなどの共有部分は、家族全員が簡単にできる方法でなければ続きません」。

そこで提案しているのがざっくり収納。カテゴリー別に分けるだけで使いやすくなるので、必要以上になかをきれいに並べることはしないそう。「片づいた環境はみんなにとっていいけれど、複雑な収納にしても家族が同じようにできなければ、本末転倒。どこかで折り合いをつけることが、片づけでは一番大事だと思っています」。この方法なら、こどもでも楽しく片づける習慣を身につけられるというのは、娘さんで実証済み。仕事柄、服や靴を多く持つご主人も、ものの持ち方、残すものはどう仕分けてうまく見せるかをNANAKOさんから教わったと実感されているそう。

NANAKOさん流片づけ

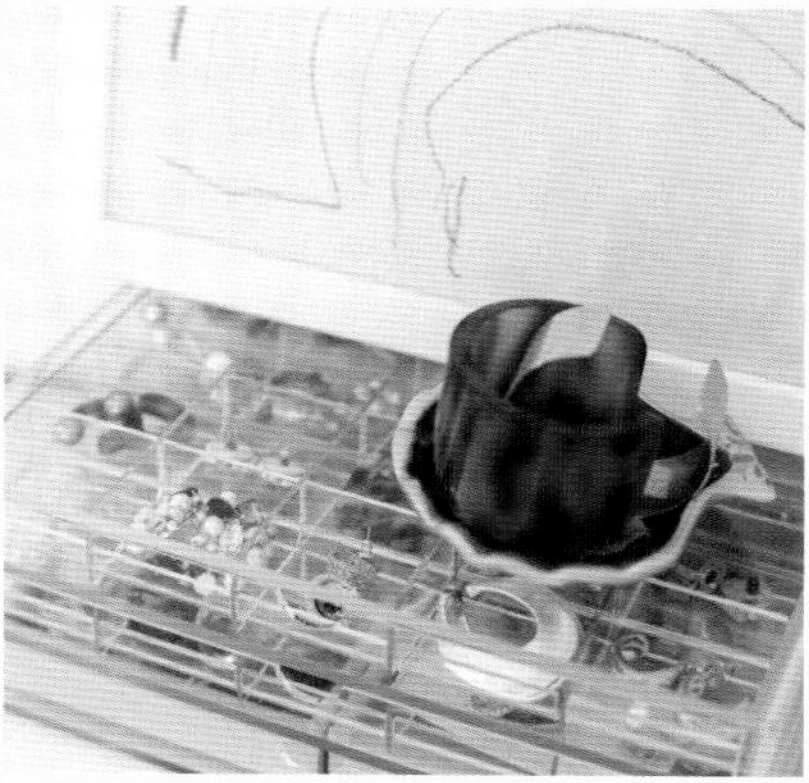

アパレルの経験を活かした収納術

玄関にある奥行きの狭い土間には、洗濯用のシューズハンガーに靴をかけて収納。数多く持っている好きな靴やアクセサリーは、お店のディスプレイのように見た目を整えて、気分を上げる。

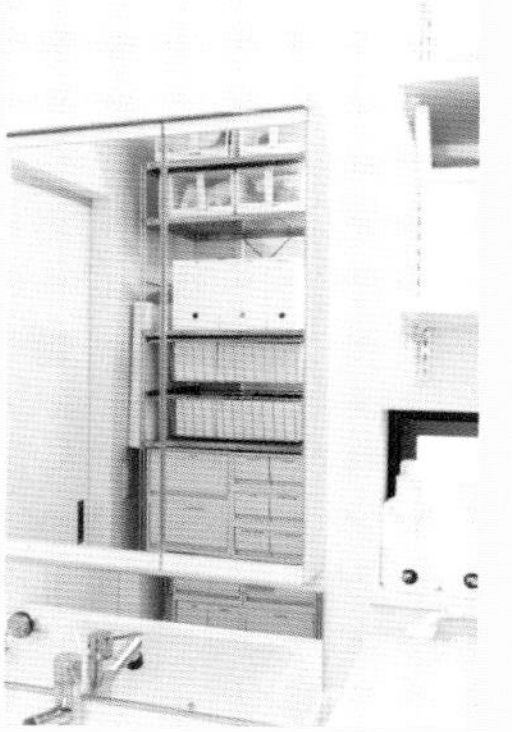

家電も収納用品も、存在感を消してくれる白色で統一

白が印象的なNANAKOさん宅。収納用品も家電も白で統一することで、白い壁と同化して存在感が消えるため、広く見えるのだとか。無印良品のポリプロピレンケース（引出式）を活用し、コードレスの掃除機は掃除がしやすいようフックでかけて収納。

仕事道具

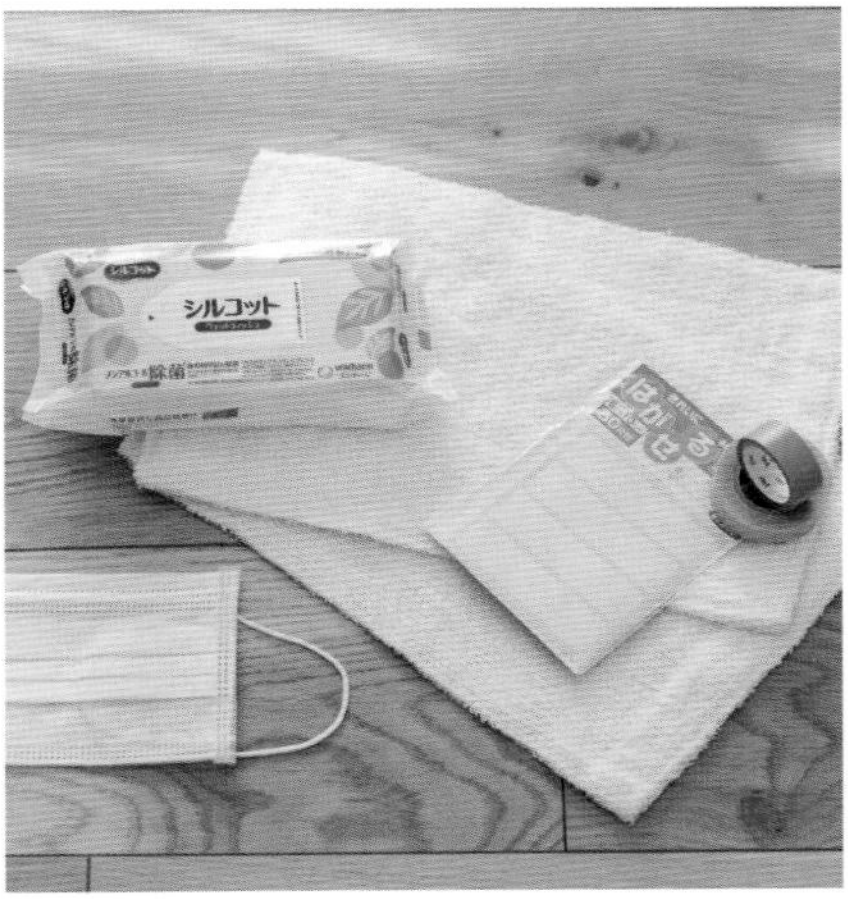

個人宅を整理するときの必需品はメジャーと除菌シート。そのほかマスクや軍手、電動ドリル、マスキングテープ、ラベルシール、スペースがない場所でもフックなどを使って吊るす“空中収納用品”など。小分け用袋は、棚板を外したときに部品を入れるのに重宝している。

もっと片づけを浸透させたい

情報収集はインスタやブログ、生活情報のウェブサイトから。また無印良品、IKEA、ニトリは必ず新商品をチェック。片づけや収納グッズに関心がある人が増えた実感はあるものの片づけられる人が本当に増えているかはまだ疑問があるとNANAKOさん。こどもが小さい今は家族優先で個人宅へは週1回。そしてタイムスケジュールを組みやすいメディアの仕事が中心ですが、時間に余裕ができたら〝お片づけ教室〟を再開します。「片づけができないことに、後ろめたさや罪悪感を持つ人が多いと感じますがそんな風に思ってほしくないし、絶対できるようになるから大丈夫とたくさんの方に伝えたい。料理教室のように、片づけ教室も習い事として当たり前になるといいなと思います。料理はできなくても買ったり、外食したりできるけれど、片づけのものを選ぶ作業はその人にしかできないこと。毎日のことだから、ちゃんと整理をして、物量と収納用品を計算して入れるという理論を学ぶと今後の暮らしが格段に楽になります」。

もうひとつの夢が、知り合いのイラストレーターと一緒に、こども向けの片づけの絵本を出版すること。「実は絵本を通して伝えたいのはご両親。毎日読むことで、こどもにはもちろんお母さんやお父さんにも片づけの理論が自然と身についていくと思うんです。片づけは習慣。片づけが上手になってほしいというわけではなく、整理収納の方法を理解していると、片づけを通して『自分にとって大切なこと』『ものを選びとる力』を身につけることができるようになります。こどもの片づけで悩んでいる人も多いですが、ご両親に声のかけ方やアプローチの仕方などわかりやすく伝えていきたいです」。

［ある日のスケジュール］

AM	0:00	
	1:00	
	2:00	
	3:00	
	4:00	
	5:00	
	6:00	起床・お弁当作り
	7:00	娘起床、朝食、着替え、メイク
	8:00	幼稚園送り
	9:00	個人宅のお片づけレッスン
	10:00	
	11:00	
PM	12:00	
	13:00	
	14:00	
	15:00	
	16:00	幼稚園お迎え、習いごと送迎
	17:00	帰宅、お風呂
	18:00	夕食準備、夕食
	19:00	遊ぶ、こどもとリビングのリセット
	20:00	絵本タイム
	21:00	こども就寝
	22:00	
	23:00	就寝

整理収納アドバイザー

Fujinao さん

FUJINAO

「収納術ではなく、ものとのつき合い方を端的に、かつ、丁寧に伝え続ける」

Fujinaoさんは、起業当初から「ものとのつき合い方」に重点を置いて発信してきました。どうやってものを選び、減らした先にどんな暮らしがあるのか。言葉を尽くして伝えた結果、訪問サービスでもSNSでも、独自の考えを存分に表現できるように。

[お仕事年表]

2009年	結婚
	転勤族となり退社
2010年	第一子出産
2012年	第二子出産
2014年	整理収納アドバイザー2級取得
2016年	整理収納アドバイザー1級取得
	起業

[家族構成]

夫（単身赴任中）・長男9歳・次男7歳・
愛犬10歳

[住まい]

北海道札幌市／一戸建て(築1年)／4LDK

[取得資格]

整理収納アドバイザー1級

[主な仕事内容]

個人宅の整理収納サービス
雑誌・書籍関係掲載
商品PR
執筆(LIMIA、マイナビウーマン、ひなたライフ)

[SNS活用内容]

Instagram @fujinao08140814

自分の考えをわかりやすく伝える場。まず言葉を考え、それに合わせて写真を撮っている。

Web http://fujinao.com

サービス内容と料金体系の紹介。自らの暮らしや片づけの考え方などのブログもあり。

LIMIA https://limia.jp/user/Fujinao/

編集部の要望に合わせて記事を執筆。便利グッズの紹介など、インスタとは違う内容を発信している。

Q.自分のセールスポイント

「必要なものだけで暮らす」ことを自分も大切にし、ものを減らすことに特化して発信しています。ものを手放すためのきっかけになるよう、減らすことでどんなメリットがあるか、実体験をもとに具体的に伝えています。楽に、快適に生活するために、ものとの向き合い方を伝授します。

Q.仕事にするまでの経緯

こどもが幼稚園に入ったタイミングで整理収納アドバイザーの資格を取得。友人とセミナーを開催し、同時にリクシルの片づけサービスに登録して経験を少しずつ広げていき、個人宅へのサービスを開始しました。同時にウェブとインスタで情報発信をして顧客を増やし、実績を積んでいきました。

Q.楽しいこと、困ること

片づけによって、生活が楽しく明るくなった人の姿を見られるのがこの仕事の醍醐味です。その人自身だけでなく、ご家族も喜んでくれるのがありがたい。ただ、個人の活動は時間に限りがあって困っています。もっとたくさんの人に考え方を伝えるため、活動の幅を広げたいと思っています。

Q.具体的な仕事内容

実際に個人宅へ行ってプランニングと実作業を行う「個人レッスン」と、カフェなどで片づけのカウンセリングを行う「カフェレッスン」が中心です。ほかに、ウェブサイトでのコラムの執筆（連載や不定期のもの）や、本当にいいと思ったものに限っての商品PRの仕事も請け負っています。

5つの決めごと

1 わかりやすく伝える。

2 人を傷つけるような発信はしない。

3 SNSやブログの投稿ペースは自分の生活スタイルに合わせて変化させる。

4 SNSやブログの写真は明るく、不快感を感じないものにするよう心がける。

5 整理収納サービスでは片づけの「伴走者」となる。

机の上は、いつもスッキリ。いつでも仕事を始められるように

今年引っ越したという新居にある自身のワークスペース。机の上は使うたびにきちんと片づけて、極力ものが置きっぱなしにならないように。おかげで、思い立ったらパソコンや資料をすぐに広げられる。

技ではなく、考え方を伝えたい

「もともと片づけは得意でした。ただ、資格を取るための勉強をして実践してみたら、整理収納ってものをうまく詰め込むことではなく、自分の暮らしにどんなものが必要かを見極めることだと気がついて。自分の暮らしが変わっていくと同時に、これを仕事にしたいと思うようになりました」とFujinaoさんは、5年前のことをそう話します。ものが減ると、掃除がぐんと楽になる。気に入ったものだけを持っていれば、迷ったり探したりする手間が減る。「部屋を整えれば、人生が変わるとまで思った」というFujinaoさんは、それを周りに伝えるべく、資格取得後に活動を始めます。

まずは同じくアドバイザーの資格を持つ友人とセミナーを開き、リクシルのお片づけサービスに登録して、実経験を積みながら、同時にブログやインスタで情報を発信しました。「まず『何を伝えたいか』を考えて言葉が決まったら、それに合わせた写真を撮っています」。ぱっと見てすぐに頭に入る投稿が人気を呼び、さらにファンが増えていったのです。

お仕事効率アップ

手入れしやすい素材を選ぶ

仕事の時間を確保するには、家事を楽にすませることが大切。家電や食器は汚れをすぐに拭き取りやすい素材を選択し、さっと掃除ができるようにして、効率アップ。

言葉を思いついたらその場でメモ

インスタでの投稿では言葉を大切にしているため、いいフレーズが浮かんだらすぐにメモすることを習慣にしている。書き留めるものがなくても、手元のスマホを使う。

仕事道具は、使う場所の近くに保管

デスク横に収納棚をつくりつけ、仕事の書類や文房具、プリンターをまとめて収納。作業中すぐに手が届き、ワークスペースからはみ出て散らかることもない。こどものプリントも扉裏に貼り付けて、いつも目に入るように。扉を締めれば目隠しになり、ノンストレス。

家での仕事でも、きちんと着替えて気持ちを切り替える

仕事着はワンピースと決めているので、上下のコーディネートで迷うことがなく、時間のロスを防ぐことができる。家での仕事でも、必ず着替えてメイクをし、家事から仕事へのスイッチをオンにしている。

発信に合ったプラットフォームを

整理収納の依頼を得るために、チラシを配ってセミナーを開催したり、リクシルの片づけサービスに登録したりと、少しずつ着実にステップアップしてきましたが、なかでもインスタでの発信が一番の効果があったそう。Fujinaoさんの投稿は、写真に短い言葉を載せるという構成。『ゴミが、ゴミを呼ぶ』『「減らす」は家事の1つ』など、ひと目で内容がわかり、グッと心を掴まれる格言が特徴です。「日々、言葉をストックするように心がけていて、必ずメモを取っています。あとからそのメモを見て、文章を考え、それに合う写真を撮るようにして。私の投稿は『言葉ありき』なんです」。

ちなみに、インスタより先にアメーバブログを始めていて、その頃から変わらないスタイルだったそう。ただ、たくさんの人の目に留まるきっかけとなったのはインスタ。「自分の発信スタイルが、どんなプラットフォームに合うか、試さなければいけないのだと実感しました。幸い私にはインスタが合っていてフォロワーが増え、そこから依頼数を伸ばすことができたんです」。

SNS活用術

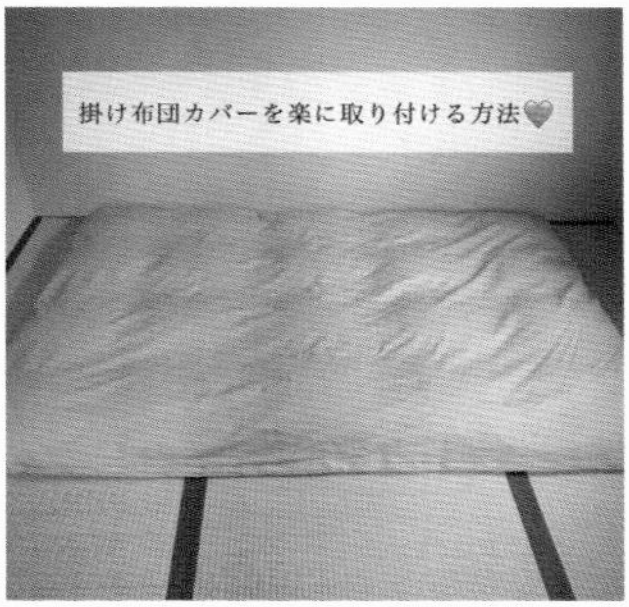
掛け布団カバーを楽に取り付ける方法

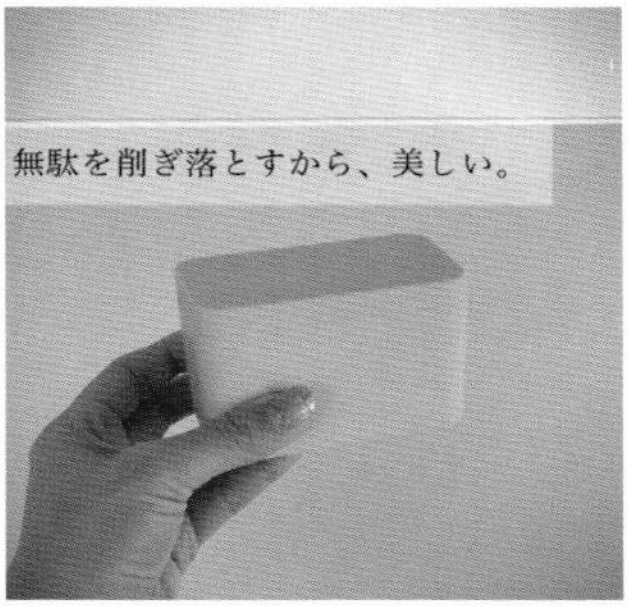
無駄を削ぎ落とすから、美しい。

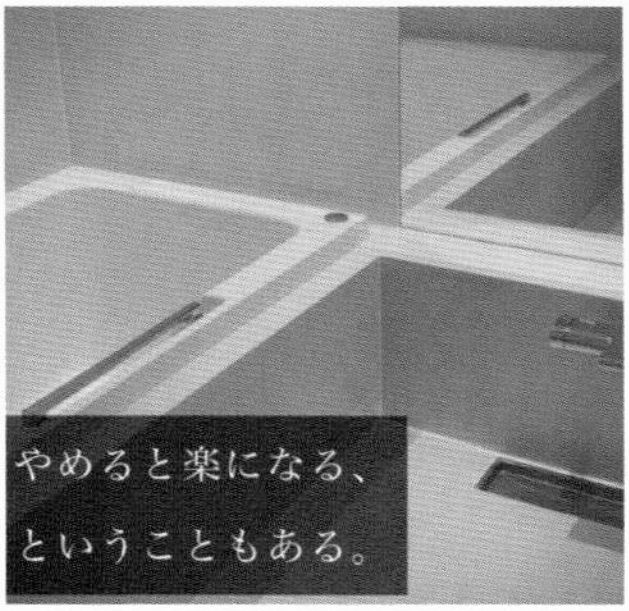
やめると楽になる、
ということもある。

モノを減らす原動力はいつも
「もっと、楽に暮らしたい」

苦手意識をなくしたい

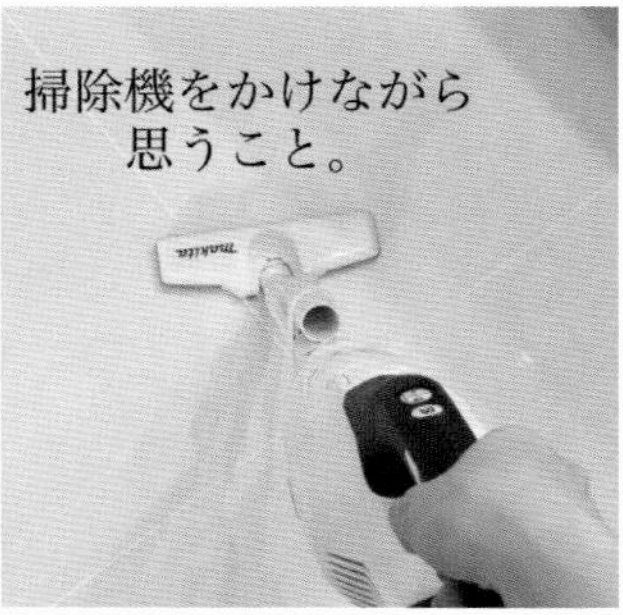
掃除機をかけながら
思うこと。

端的にいい切る言葉を記すことで、目に留まる投稿にする

グッズの紹介などの収納術ではなく、ものとの向き合い方を伝えるべく、インスタで投稿を続けている。まず言葉を考え、伝える内容を吟味する。前面にくる言葉は、なるべく短く、いい切ることで印象に残るように。写真は、その内容に合うシーン、かつ、言葉を載せる余白を意識して撮影している。

「ものを減らすこと」に特化する

『いらないものにまみれて大切なものが見つからない』『「ちょっと足りない」くらいがちょうどいい』といった投稿の言葉からわかるように、Ｆｕｊｉｎａｏさんはものを持ちすぎることへ、いつも問題提起をしてきました。

「ただやみくもに『減らしましょう』というのではありません。減らすとどんないいことがあるか、どういう基準でものを厳選したらいいのかといった『ものとのつき合い方』を具体的に伝えるようにしています」。使う量より多すぎるとものが余る、余ったものは使わなくなり、管理が難しくなる。自分が把握できる量まで減らしたほうが、片づけも楽になり、生活しやすくなる。ものを手放すことは、怖いことではなく自分が楽に生活するための大切な習慣だとＦｕｊｉｎａｏさんは伝えています。

「整理収納アドバイザーの勉強をしているときに、『箱や突っ張り棒などの収納グッズを駆使する技を伝える人』と、『収納に関する考え方を教える人』がいるんだと気がつきました。私が仕事にしたいのは後者。考え方さえ身についていれば、どんな状況でも片づけられるようになると思ったからです」。夫の転勤に伴って引っ越しを繰り返すなか、同じ収納グッズが必ずしもどんな住まいでも便利に使えるわけではないということを実感したからこその選択でした。

とはいえ、片づけに関する考え方を伝えることは、勉強っぽくなりがちで、難しいものです。「どんな言葉を選んで、どう表現すべきかを考えるために、広告のキャッチコピーや自己啓発の本、ビジネス書などをかなり読み込んで勉強しています」。Ｆｕｊｉｎａｏさんが取り入れているのは、身近なものに例えること。ものを取捨選択する際には、こどものパズルを例に出します。「アンパンマンやミッキーマウス、ドラえもんのパズルがごちゃ混ぜになっているとしたら？　まずは、キャラクターごとに分けなければいけませんよね。さらに、ピースが足りないものや同じキャラクターのものがたくさんあったら？と、例を出すことで、想像しやすくするんです」。

タイムラインで流れる投稿でも目に留まるよう、端的な言葉を使う。さらには、身近な例を使って親近感を持たせる。そんなＦｕｊｉｎａｏスタイルは、自身の生活での実感と日々の勉強によって確立されていきました。

Fujinaoさん流片づけ

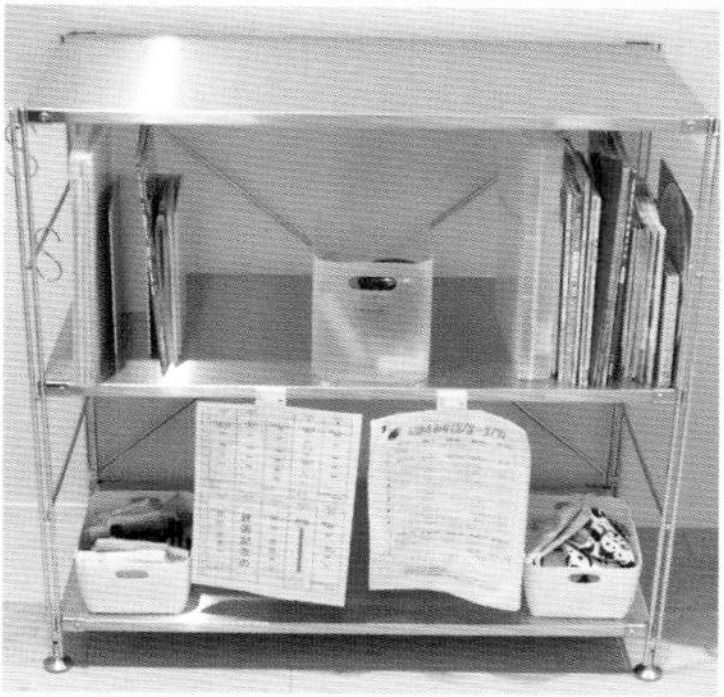

こどもがわかりやすいシステムを

男の子ふたりの子育てをしながら考えたのは、自分たちで片づけてもらえば、自分も楽だということ。背の低い棚に学用品をまとめ、ランドセルは上にどんと乗せるだけ。

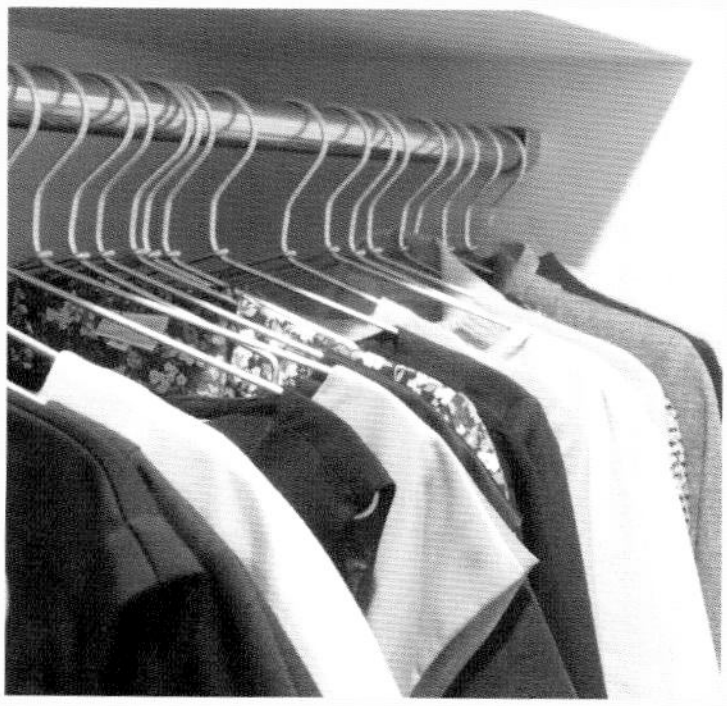

大好きなものだけで暮らす

安さを理由に買ったもので溢れたクローゼットは、着たい服が見つからない状態になりがち。心からいいと思えるものに厳選すれば、迷う手間も省け、管理しやすくなる。

ものがなければ、時短できる

床に直置きをしない、棚やテーブルにむやみに雑貨を飾らない。仕事をしながら家事もこなすうえでは、掃除にかける時間と手間を少しでも省くことが、日々の効率アップにつながる。

仕事道具

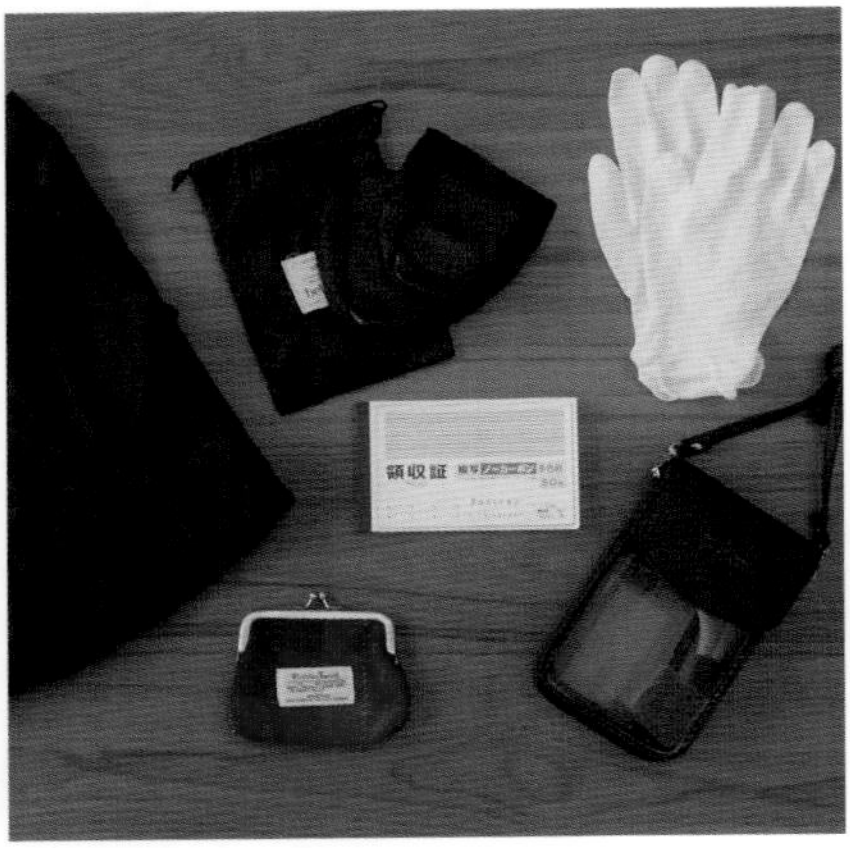

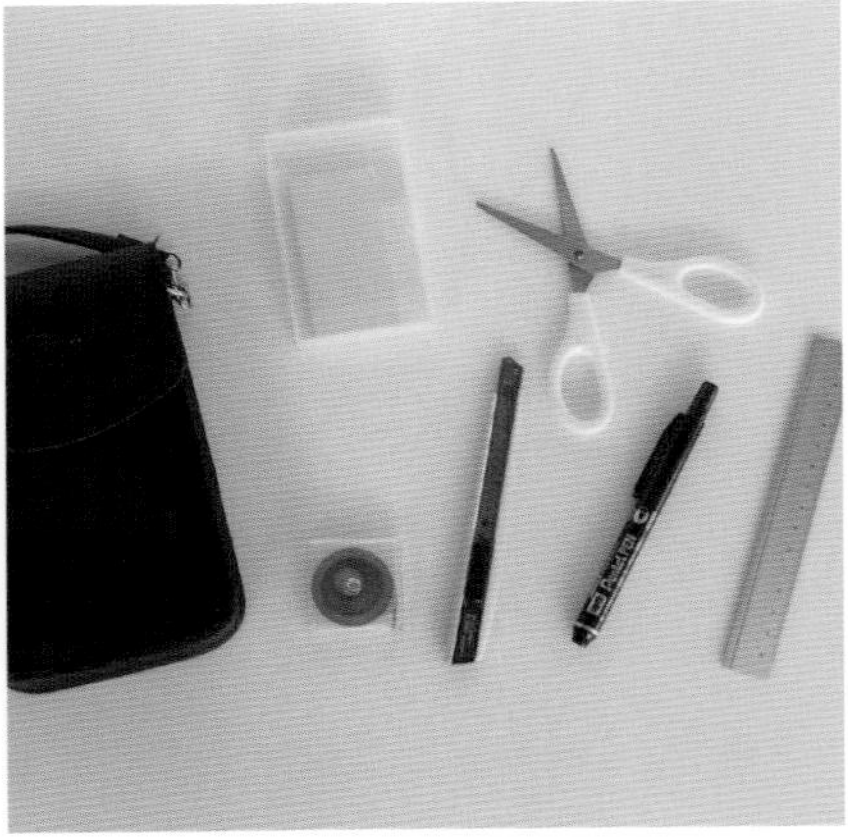

個人宅の訪問サービスで使う仕事道具は、自身の考えに沿って、厳選している。左が基本のセットで、エプロン、ルームシューズ、キッチン収納で使うゴム手袋、領収書、お釣りの入ったがま口、小道具バッグ。右が小道具バッグに入っているもの。剥がせるラベルシールやメジャー、ペンやカッターなどの文房具類。ものを減らす目的のお宅が多いため、収納グッズは持参しないことがほとんど。

減らしたい気持ちを後押しする

「一時期、個人宅の訪問サービスの仕事が殺到してしまったことがありました」とFujinaoさん。もっと家族との時間を大事にしたいという思いから、訪問サービスは1日置きにしか行かないと決め、必ず余白の時間を持つことにしたそう。余白の時間で家を整え、執筆や経理の仕事をこなします。「ものが少なければ片づけも楽で、仕事もスムーズに進むんですよね」。

そのように自身で『必要なものだけで暮らすこと』の大切さを実感して発信しているため、Fujinaoさんの訪問サービスやコンサルタントには同じように考える人が集まります。ものを減らす前提で進めていくので、新たに収納用品を持ち込むことはないそう。「まず、クローゼットや押し入れなどの収納スペースの奥を見直すことから。自然とものが減って収納用品も余るので、それを活用するんです」。どこから手をつければいいかわからない。処分したいけれど、踏ん切れない。Fujinaoさんは、そんな人の背中をほんの少し押しているだけだと話します。「以前、キッチンがものでいっぱいのお宅へ伺ったことがありました。一緒に片づけたその日から、鬱状態だった奥さんが料理をし、ご主人が泣いて喜んでいた姿が忘れられません」。『片づけは人生を救う』という言葉が大げさではないことを、Fujinaoさんは仕事を通しても、自身の生活のなかでも、身をもって体験しているのです。

これからは、セミナーの機会を増やし、たくさんの困っている人に自身の考えを伝えていきたいと話します。経験に基づき、わかりやすく伝えてくれるFujinaoさんに救われる人は、きっとこれからもっと増えていくはずです。

［ある日のスケジュール］

AM	0:00	
	1:00	
	2:00	
	3:00	
	4:00	
	5:00	
	6:00	起床、身支度
	7:00	朝食、こどもたちの通学準備、掃除
	8:00	出発
	9:00	電車内でメールチェックや読書
	10:00	お客様宅で整理収納レッスン
	11:00	
PM	12:00	
	13:00	
	14:00	帰路へ
	15:00	帰宅、メールチェック、事務仕事など
	16:00	夕食準備
	17:00	こどもたちのお世話など
	18:00	夕食や家事、事務仕事など
	19:00	こどもたちと過ごす、家事、読書など
	20:00	
	21:00	こどもたちの就寝準備、寝かしつけ
	22:00	就寝、または読書やテレビ、事務仕事など
	23:00	

整理収納アドバイザー

day-to-day life

上田麻希子さん

MAKIKO UEDA

「家族みんなが笑顔になれる片づけの先にある暮らしに寄り添う」

出産を機に片づけに興味を持ち、営業職から整理収納アドバイザーへ転身した上田麻希子さん。新しい仕事の仕方を模索しながら、こどもと過ごす時間もきちんと確保してきました。自己分析し、できることとできないことを明確にして働いています。

[お仕事年表]

1999年	インナーメーカーに就職
2007年	革製品を扱う卸業者に転職
2011年	退社
2012年	元職場や友人のアパレル会社でパート勤め
2015年	第一子出産
2018年	整理収納アドバイザー1級取得
2019年	「day-to-day life」を屋号とし独立

[家族構成]

夫・長男5歳・愛犬

[住まい]

千葉県市川市／分譲マンション（築13年）／3LDK76平米

[取得資格]

整理収納アドバイザー1級
整理収納教育士
片づけ遊び指導士
住宅収納スペシャリスト

[主な仕事内容]

個人宅へのお片づけサービス／雑誌、ウェブ媒体での執筆や取材／企業様とのタイアップ企画など／生活用品などのPR活動

[SNS活用内容]

Instagram　@uedmkk　@ueda__makiko

インスタはふたつのアカウントを持ち、使い分けている。@uedmkkでは収納用品や自宅の様子を。@ueda__makikoでは整理収納の理論を紹介。

Facebook　https://www.facebook.com/uedmkk/

インスタの投稿と同じものを基本にし、掲載情報や仕事のお知らせなどを発信。

Blog　https://day-to-day-life.com/blog/

整理収納のよりくわしい内容や日々のできごとから思いついたアイデアを紹介。

Web　https://day-to-day-life.com/

プロフィールや料金体系など、サービスの基本を記載し、集客につとめている。

楽天ROOM　https://room.rakuten.co.jp/room_507654f0de/items

おすすめの収納用品、愛用している日用品を使い方とともに紹介している。

Q.自分のセールスポイント

収納グッズをたくさん見たり使ったりしているので、商品情報は多いです。アドバイザーとしての理論と収納グッズの提案をしながら、あくまでもお客様が無理なく続けられるものの持ち方と収納法を提案することがモットー。家族みんなが楽しく暮らせる家になるようなお片づけを目指しています。

Q.仕事にするまでの経緯

妊娠を機に自宅の収納を見直し、整理収納アドバイザーの存在を知りました。関心をもち勉強したところ、楽しくなり1級の資格を取得。インスタで自宅の片づけの様子を発信したことで整理収納の仕事の依頼が入るようになり、こどもが幼稚園に入るタイミングでフリーとして仕事を始めました。

Q.楽しいこと、困ること

新商品の開発は自分の経験を活かせるので楽しい仕事です。一方で、訪問サービスなどには時間を割くことがなかなか難しい状態。こどもが小さいうちは、家族との時間を大事にしながら、自分の仕事もこなせるよう、バランスをとっていきたいと模索しています。

Q.具体的な仕事内容

稼働できる日数が少ないですが、片づけの訪問サービスやコンサルティングを行なっています。そのほか、企業との新商品開発、収納家具やグッズの使い方提案なども手がけています。商品PRに関しては、自分がいいと思ったもの、使いたいと感じたものを紹介しています。

5つの決めごと

1 インスタ投稿はマメに更新。コメントやDMにはすべて返信する。

2 SNS投稿はリアルな自宅を見せる（きれいな写真ばかり撮らない）。

3 無印良品、ダイソー、ニトリ、カインズなどへ行った際は新しい収納用品をチェックする。

4 企業からのPR案件は、自分で試してみたいもののみ受ける。

5 どんな仕事でも求められている内容を考え、臨機応変に対応できるように心がける。

ワークスペースをつくって短時間でも集中する

以前はダイニングテーブルで仕事をしていたという上田さん。稼働できる時間に制限があるため、少しでも集中できるようにとワークスペースを設置。パソコンやプリンター、経理関係の書類や文房具をまとめている。

営業職からアドバイザーへ

「アドバイザーなのに、我が家はものが多いかもしれません。でも、片づけに興味を持つ前よりはすごく減っているんですよ」と上田さんは笑います。インナーメーカーの営業をしながら結婚し、その後転職もしましたがそろそろこどもがほしいというタイミングで、働き方について考えるようになりました。「お店の閉店後、夜からの作業などもあり、朝から晩まで働いていました。妊娠に対しての不安もあって、思い切って辞めることにしたんです」。

無事に出産後、正社員として働くつもりが、保育園が見つからずに内定を辞退。ならば、自分で資格を取って働こうと思い立ちます。ちょうどその頃、自宅の片づけに悩んでいたそう。『『こども　おもちゃ　収納』で検索して、整理収納アドバイザーという存在を知ったんです。おもしろそうだなと勉強してみたら、すごく楽しくなっていきました」。資格1級に続き、関連のある資格も次々取得。さらに自身の家が片づく様子をインスタにアップしたところ、等身大の投稿が人気となって、アドバイザーとしての活動につながっていきました。

お仕事効率アップ

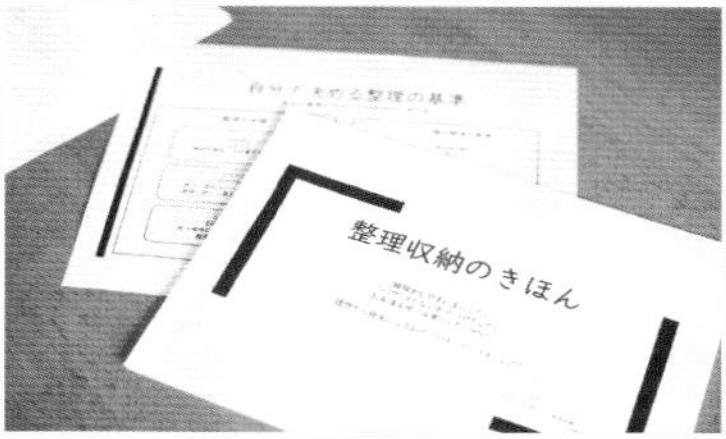

シートを使ってわかりやすく

訪問サービスでは、持ち物だけでなく何をどこに置くかを一緒にリストアップして整理していく。シートを事前に用意し、現場でスムーズに作業できるようにしている。

ストックは使う場所にまとめる

仕事で使うもののストックはデスク下に。家族みんなの日用品のストックはリビングに。置き場所をきちんと確保すると、探しものが減り、管理もしやすく時短になる。

持参する道具や収納用品は棚にまとめる

現場ですぐに対応できるよう、収納用品や大工道具なども持参する。仕事道具を定位置にまとめておけば、出かける際に忘れものもなくあわてずにすむ。

等身大の姿を伝えて安心させる

もともと買い物が好きで、興味のあることは自分の目で見て確かめたいというタイプだと、上田さんは自らのことを分析しています。「だから、インスタでの投稿はどうしても収納グッズが中心になります。アドバイザーとしてよりも、私的なブログ感覚で始めたので『ここのこんなものが使いやすかったよ』という内容が多いですね」。フォロワーが増えた理由は、このブログ感覚の等身大な姿勢があったからなのでしょう。実際に収納グッズを使い、サイズや使い心地、耐久性などをきちんと伝えてくれる投稿は、受け手にとって有益な情報になります。

また、リアルな日常を写真におさめているのも等身大の表れ。夫が出しっぱなしにする焼酎や、こどもが自分なりに冷蔵庫に飾っているもの、自分自身もつい箱に入れずに置きっぱなしにしてしまうお菓子……。誰もが〝あるある〟とうなずいてしまう光景が映し出されています。

「例えば、インスタの『我が家のリアル』という投稿。アドバイザーだからといって、常にきれいな状態をキープできるわけではありません。どうしても散らかることもあれば、家族の気持ちを考えたら好きにさせてあげたい部分もありますし。かっこつけても仕方ないと割り切って、ありのままをネタにしています（笑）」。下着はたたまなくても引き出しに入っていればいい。お菓子は気が向いたときに箱にしまえばいい。片づけなければというプレッシャーを持つ人にとっては、ちょっと気持ちが楽になる投稿なのです。

一方で「整理収納の理論をきちんと伝えたいときには、別のアカウントでやっています」とも。そこでは、整理収納のセオリーを自宅でやっている様子を伝えています。例えば、食器の片づけでは「今日はコップとマグカップ類だけと決めて、全部出して見分けをしましょう」と、実践して見せています。残すものと手ばなすものを見分ける基準を伝え、気軽に整理収納に取り組むきっかけをつくってくれています。

「いわゆる『全出し』という作業は、時間も気持ちも余裕がないとできないと思いがちです。でも、小鉢だけ、ボトムスだけと限定すれば、こどものお昼寝タイムにできるんです」と、子育てをしながら自ら実践してきたことをわかりやすく伝えるようにしているのです。

SNS活用術

@ueda__makiko

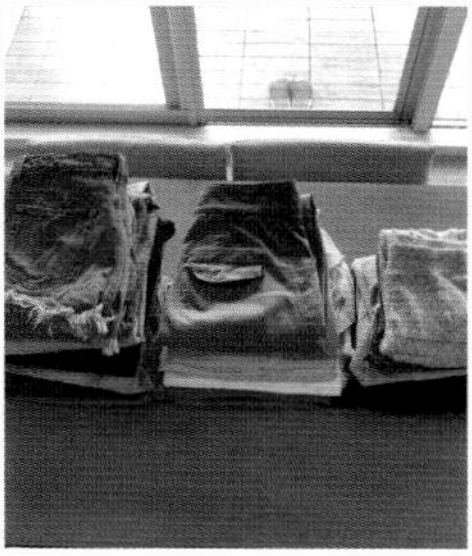

片づけ専用アカウント

@ueda__makikoでは、整理収納の理論をきちんと伝えている。自宅の食器やワードローブの整理を見せながら、仕分ける基準や手放し方を指南している。

@uedmkk

♡

我が家のリアル
自分編

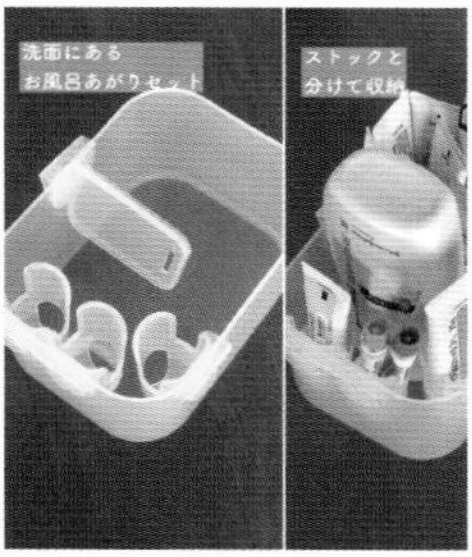

かっこつけずにリアルな日常を伝える

SNSはふたつのインスタのアカウントを使い分けて発信している。@uedmkkでは、自分の失敗談や家族の片づけ風景など、日常のリアルな状態を見せるように。文字を載せ、説明しながら、ときにツッコミを入れるなど、親近感のわく投稿にファンが多くついている。

無理せず続けられる提案をする

インスタの等身大の投稿から、たくさんのファンを増やしてきた上田さんのもとへは、個人のお宅への訪問サービスの依頼も少しずつ多くなってきているといいます。

「こどもとの時間も確保したいので、稼働日数がすごく限られているのが現状です。限られた時間でできることは何かを見極めて、働くようにしています」。

訪問サービスに行くのは月に4〜5日だけと決めているそう。時間が限られているぶん、企業との商品開発や、新商品のビジュアルを考えるなど自宅でできる仕事に取り組むようにしているのです。

企業からの仕事はインスタを通しての依頼がほとんど。上田さんが『片づけ遊び指導士』や『住宅収納スペシャリスト』といった資格を取ったのは、そのように企業と仕事をすることを見越してのことでした。「自分が営業で働いていたときのことを思い返すと、初めての人に仕事を頼む際には〝基準〟が必要でした。企画を通す上司にも、資格があることが説得材料になっていたなと思い出して、1級のアドバイザーを取ったあとに勉強しました」。

一方で、できないことはきっぱりと見切りをつけてプロに任せることに。「経理は苦手なので、税理士さんを探してお願いするようにしました。時間に制約があるからこそ、無理をして何もかもひとりで抱えこむことはやめています」。

無理をしないという姿勢は、仕事だけでなく、自身の日々の片づけでも同じこと。散らかっていても、もとに戻す場所があればいい。こどもが自分で片づけた場所が乱雑でも、やったことを認めるようにする。ストックを買ってしまう状況は仕方ないから、必要な数出しと置き場所を確保するなど、自分の考え方はそのままお客様にも伝えているのだそう。無理してものを減らしてスッキリさせることよりも家族が楽しく暮らせることを目標にしている上田さんならではの提案を続けています。

「我が家もおもちゃを減らしたり飾ったりするのをやめたらもっとスッキリするんだと思います。でも、こどもにとっては楽しい暮らしの一部だし、これが永遠に続くわけでもなく、今だけの楽しみだと思っています。お客様にも、片づけは無理なく楽しく続けられることを考えてもらうようにしています」。

上田麻希子さん流片づけ

専用の収納棚をつくる

ミニカーが大好きなこどものために、ご主人がつくったという専用の棚。隠さず見せて収納している。並べるのが楽しいので、こどもはもちろん、親も片づけやすくなった。

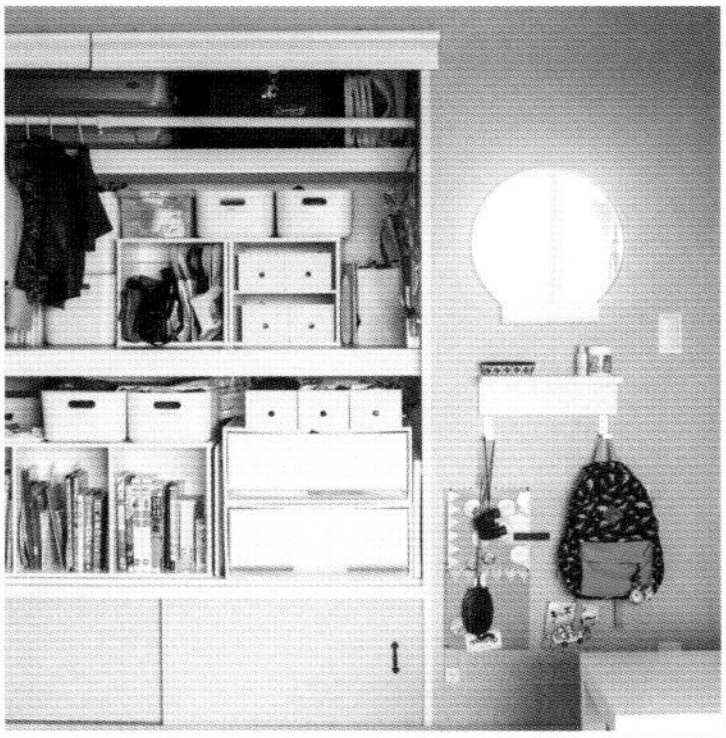

こどもの目線に合わせた収納

こども部屋として使っているリビング横の和室。押し入れにはおもちゃや絵本、日用品などを収納。こどもが届く位置にフックをつけ、幼稚園リュックを掛けている。

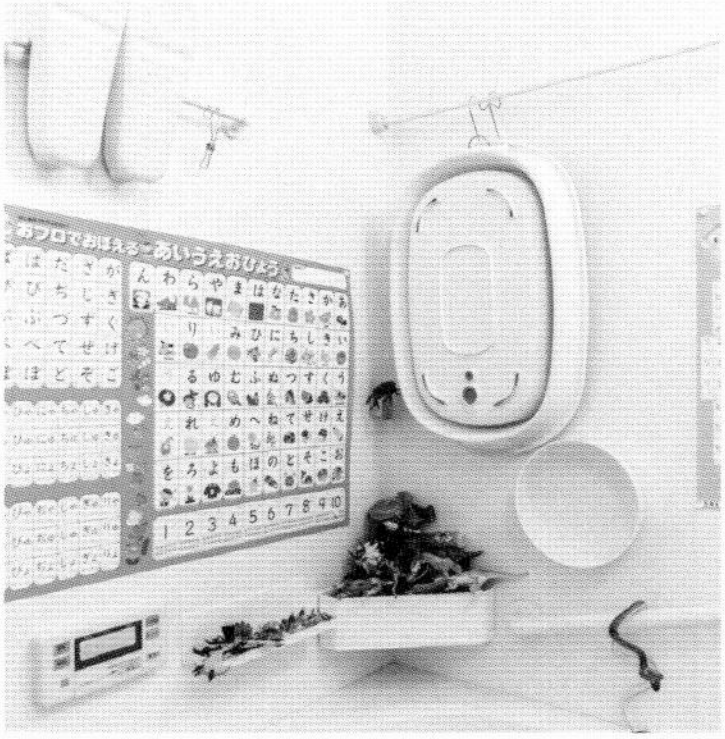

置き場所が決まっていればよし

お風呂はおもちゃがいっぱい。これはこどもが思いきり遊んだり勉強したりすることを優先しているから。おもちゃは置き場所が決まっていればいいことにしている。

よく手にするものはキッチンに

自身がよくいる場所はやっぱりキッチン。マスキングテープやペン、リモコンなど使用頻度の高い道具類はボードにまとめてすぐ手に取れるようにしている。

仕事道具

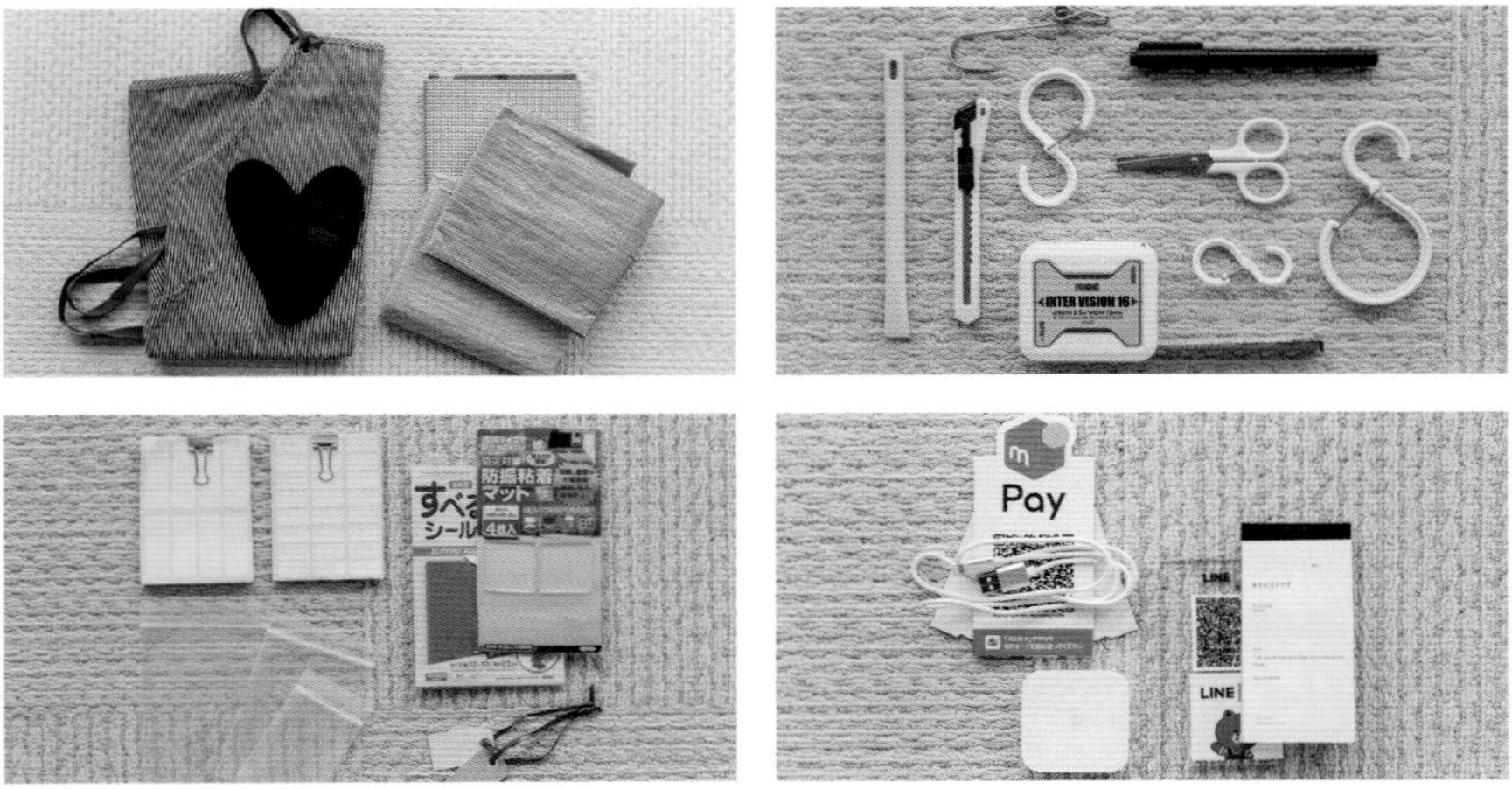

訪問サービスは効率よく動けるように、ラベルを手早くはがせるヘラ、引っ掛け収納用のS字フック、配線をまとめる密閉袋、サイズ違いのラベルシールなどを用意。また、キャッシュレスのお客様にも対応できるようにと、クレジットカードやスマホ決済にも登録して機械を持っていくそう。

あえて、大きな目標は立てない

上田さんはインスタの投稿に対するコメントや質問には丁寧に答え、DMにも必ず返事をするように心がけているといいます。「インスタがきっかけでお客様とのつながりができたので、大切にしています。企業さんからの仕事依頼の場合も、もともと営業職だったこともあって、返事はすぐに送るようにしています」。SNS上での個人の相談にはのらないと記載しているにも関わらず、ワンアドバイスをしてくれる姿勢が、ファンを増やしてきた要因かもしれません。

とはいえ、やはり、家族との時間を大切にしたいという思いと、アドバイザーとして経験を積みたいという焦りの狭間で悩むこともあるといいます。「ほかのアドバイザーさんの投稿を見て『この人はこんなに訪問軒数がある』『この人は1年目なのにもうこんなに講座を持ってる』と思ってしまうこともあります。でも、焦って自分のペースが乱れてしまうと、家族に影響が出てしまう。仕事に比重を置きすぎると気持ちの余裕もなくなってしまうので、今の自分が最大限にやり切れることをやろうと思ってます。そのために、あえて大きな目標を立てないようにしているんです」。これは営業をしていたときからの上田さんの考え方。遠い未来の大きな目標を持つのはいいことかもしれませんが、ときにそこまでどう歩んだらいいかわからなくなってしまうこともあります。「まず、目の前の小さな課題をクリアする。それを継続していけば、経験や自信につながると思うんです」。次はオンラインでの講座やアドバイスができるように、システムを考えているところだとか。まずは地道にコツコツできることを。上田さんの活動はこれからも続いていきます。

［ある日のスケジュール］

AM	0:00	↓
	1:00	
	2:00	
	3:00	
	4:00	
	5:00	
	6:30	起床、洗濯、トイレ掃除、朝食
	7:00	夕食下準備、インスタの投稿
	8:30	幼稚園送り
	9:00	メールチェック、今日やることの確認
	10:00	クライアント様とズームで打ち合わせ
	11:00	↓
PM	12:00	昼食
	13:00	自宅取材、撮影
	14:00	↓
	15:00	
	16:00	
	17:00	洗濯物をたたむ、夕食準備、幼稚園お迎え
	18:00	お風呂、夕食
	19:00	↓
	20:00	こども就寝
	21:00	インスタ、メールチェック、手帳管理
	22:00	自由時間
	23:00	就寝

整理収納アドバイザー
インテリアコーディネーター

FOR YOUR…LIFE
長谷由美子さん

YUMIKO NAGATANI

「ほぼ無印良品で暮らす 元無印良品 インテリアアドバイザー」

長年、無印良品で働いた知識と経験を活かし、大阪と東京の 2拠点で、整理収納の出張サービスをはじめ、セミナーやラジオなど、幅広く活動している長谷由美子さん。アドバイザーは主婦の力が最も活用できる仕事だと、育成にも力を入れています。

［お仕事年表］

1992年	カード会社就職
1997年	第一子出産にて退社
2000年	友人の携帯電話ショップなどをお手伝い
2003年	デザイン会社・工務店にてアルバイト
2006年	アルバイトをすべて退社
	無印良品で主婦パートとして勤務
2008年	無印良品の「社内接客応対コンテスト」で全国大会優勝
	「株式会社良品計画」のインテリアアドバイザーへ職制変更
2010年	整理収納アドバイザー1級取得
	インテリア相談会などで売り上げ日本一を記録
2011年	インテリアアドバイザーマネージャーへ昇格
2014年	インテリアコーディネーター取得
	国内・海外のアドバイザーのスタッフ教育に携わる
	お客様向けセミナーの実施
	メディア対応
2017年	退社
	整理収納アドバイザー2級認定講師取得
	カウデザイン就職
	「FOR YOUR LIFE」事業部を立ち上げる
2018年	親・子の片づけインストラクター2級取得

［家族構成］

婚約者（東京）・長男22歳（大阪）

［住まい］

東京／賃貸マンション（築15年）／2LDK55平米
大阪／分譲マンション（築25年）／2LDK75平米

［取得資格］

整理収納アドバイザー1級／整理収納アドバイザー2級認定講師／インテリアコーディネーター／リビングスタイリスト1級／アロマテラピー／親・子の片づけインストラクター2級

［主な仕事内容］

整理収納サービス（出張お手伝い／プラニング／オンライン相談／コンサルタント／買物同行・買物代行）
企業・団体に向けた整理収納や暮らしに関する講座やセミナー
整理収納アドバイザー2級認定講座の開催
自宅公開・整理収納の楽しい講座「スナック由美子」開催
記事執筆、取材協力、メディア対応など
ラジオ番組出演

［SNS活用内容］

Instagram　@yumyumn
写真と文章で伝える場。ものと思考の整理のための「捨て活」も刺激に。

Web　https://www.foryourlife.site/
「FOR YOUR…LIFE」のウェブサイトは自分で作成。サービス料金も明記。

ラジオ『整理収納アドバイザー長谷由美子の「ぼちぼちやろか」』（ふくろうFM）
YouTube　https://www.youtube.com/watch?v=4lgPDSLEMvY
月2回のラジオで、友人であるパーソナリティーと片づけについて語る。

Q.自分のセールスポイント

無印良品で10年間インテリアアドバイザーとして働いた経験と、主婦として20年以上の暮らしの知恵があるので、お客様に寄り添って問題を解決するためのアイデアが豊富。判断するスピードが早く、短時間でも成果を出すことができます。人情味溢れる応対で整理収納の楽しさを伝えます。

Q.仕事にするまでの経緯

無印良品で働いていた時代、お客様の相談で最も多かったのが収納。片づけられない人が、収納用品の購入で問題解決しようとする姿を見て、整理の大切さを伝えたいと、息子の成人をきっかけに一念発起。整理と収納の楽しさを伝え、お客様が自分らしく楽しく暮らすお手伝いをしたいと始めました。

Q.楽しいこと、困ること

整理収納アドバイザーは、主婦の力が一番有効活用できる仕事。誰も褒めてくれなかったことを喜んでもらえて、お金までいただけるすごくいい仕事だと思うし、楽しいですよね。お客様とのやりとりに極力時間を割きたくて、SNSの更新がなかなかできていないので、もっとやらなければと思っています。

Q.具体的な仕事内容

週2、3回している整理収納の出張お手伝いサービスがメイン。そのほか、整理収納アドバイザーの2級講座を月2回、ラジオのコーナー番組のパーソナリティー、企業などでのセミナー、自宅での講座など、大阪を拠点に東京と行き来しながら、整理収納から派生したさまざまな仕事をしています。

5つの決めごと

1 一番大切なことを、一番大切にする。

2 お客様に対して、正直で誠実に向き合う。

3 仕事仲間には優しく厳しく。

4 売りものは自分自身。

5 5年後、10年後の自分をイメージする。

暮らしやすくコーディネートした、パートナーの家を東京の拠点に

2週間ごとに、大阪と東京を行き来して活動をしている長谷さん。パートナーの家では、セミナーも開催。少しずつ東京での活動を増やし、いずれは大阪の家を事務所にして、東京を拠点にしたいそう。

人生を変えた無印良品との出会い

無印良品で10年以上働いた経験が、整理収納アドバイザーとしての今の活動につながっているという長谷さん。当時はまだ認知度の低かった資格も、会社から取るようにいわれて取得したといいます。「無印良品では収納用品や家具を販売するのが仕事ですが、資格を取って整理と収納の違いを深く知ったら、買う前に整理することを伝えないと、お客様のものを増やして困らせてしまうと思いました」。それから、インテリアと整理収納を絡めて、片づけだけではなく、そのあとの暮らしを楽しむところまで提案したいと考えたのだとか。退社後の現在も、無印良品のアドバイザーなどを対象に2級講座を行って1年で500人に教えたり、今でも良好な関係が続いています。

さまざまな活動をしている長谷さんですが、メインは整理収納の出張お手伝いサービス。インスタやウェブ、口コミのほか、無印良品時代のお客様も多いそう。「当時から売るよりも、話を聞いて楽にしてあげることを心がけていました。多くのお客様から、『家に来て教えてほしい』といわれたことも、独立を後押ししてくれました」。

お仕事効率アップ

スケジュールは2週間単位で計画を立てる

スケジュールは整理収納サービス、講座、SNSなどの広報活動で色分けして管理。グーグルドライブでスタッフと共有している。自分がどのように時間を使っているのかひと目見てわかりやすく、計画した結果どうなったのか、2週間ごとに見直してスケジュールを立てることができる。

TODOリストでチェックする

やらなくてはいけないことは忘れないように書き出す。期日が近くなったら赤で丸をつけたり、できたら消していくことがやる気にもつながるそう。

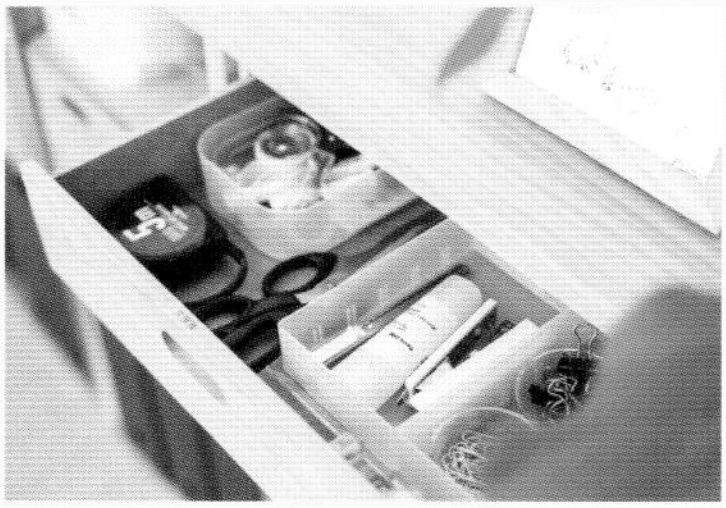

集中できる仕組みづくり

仕事に集中できるよう、テーブル近くにシェルフを置いて整理。そのときに必要のないものを、さっと片づけられる仕組みづくりをしている。

困っている人に寄り添いたい

もともと長谷さんが無印良品を好きになったのは、離婚がきっかけだったといいます。「家中のものを捨てて、こどもとちゃぶ台ひとつで生活をスタート。お金もあまりなくて、必要な家具を買おうとしたとき、それまでお菓子を買うくらいでしか利用していなかった無印良品で、家中感じよく揃えることができたんです」。初めて自分の好きなテイストの家具を揃えられたという長谷さん。好きなものに囲まれて暮らすことが、嬉しいものだと実感したのだとか。その数年後に無印良品でアルバイトを始めたのは、そのときに感じた思いを伝える仕事をしたいと思ったから。「無印良品の魅力はシンプルでカスタムできること。好きなことを楽しもうと思ったとき、家具は背景でいいと思っています。別の家に引っ越しても、組み替えて使うことを視野に入れて、無印良品の家具を揃えています」。

家具接客を担当し、2年目には社内の『接客応対コンテストの家具応対部門』で日本一に。困っているお客様の話を聞き、気持ちに応えられたことが評価につながったのだとか。その後は、インテリアアドバイザー、リビングスタイリスト、アロマテラピーなどのさまざまな資格を取得。マネージメントやスタッフを教育する立場に。

そんなやりがいのある仕事を退社したのは、前述したほかにも理由がありました。それは『家族を笑顔にする』という、働く目的を思い出したから。「こどもが受験に失敗したとき、ちゃんと顔を見てあげられていないと気がつき、受験を応援したいと思いました。そこで、バリバリ働くことが自分のこれからの人生に本当に必要なのか、立ち止まったんです。それから息子も大学へ進学し、もう1回やりたいことをやりたい。もっとお客様と密に関わりたいと思いました」。

そうして現在は息子さんのいる大阪と、パートナーのいる東京の2拠点で活動。2週間おきにスケジュールを組み、それぞれの日程で予約を受け付けるスタイルにしています。「プライベートの予定を入れてから、仕事を入れています。こどもが成人するまではがむしゃらに働いて、時間やお金を自分のために使うことはほとんどありませんでした。こどもが大学生になった今は健康で楽しく、ほどよく仕事ができたらいい。あまり仕事を広げるよりは、太く長く繋がれる人がたくさんいればいいなと思っています」。

大阪・東京を拠点にした働き方

大阪の自宅は、白と木を基調とした北欧テイスト

息子さんと暮らす大阪の自宅。スタッキングシェルフの引き出しには、来客用の取り皿などを収納。

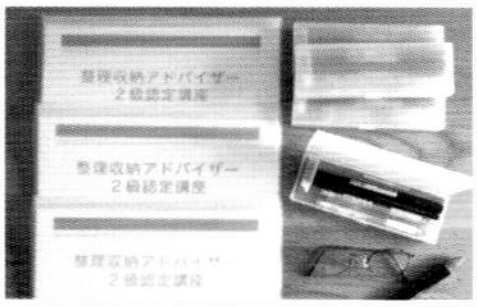

整理収納アドバイザーになるための講座を開催

良品計画退社後も、整理収納アドバイザー認定講座を行う。現在は整理収納アドバイザーの先輩として、整理収納サービスの講義も。

資料づくり

セミナーでの資料には笑える写真を使って。自宅講座は楽しく板書で。

セミナー

PTAや企業などからの依頼を受けて、片づけの講義を行うことも。

自宅公開講座

自宅で収納相談と、お酒を飲みながら座談会をする講座「スナック由美子」を開催。

ラジオのコーナー番組

ふくろうFMでパーソナリティーとして、片づけの番組『ぼちぼちやろか』を担当。

様々な人の気持ちに寄り添う

長谷さんの魅力は明るい人柄。楽しく話をするうちに、どんどん相談したくなるような信頼感があります。「私は年齢や立場的にもちょうど真ん中にいるから、頼みやすいんだと思います。時間も自由がきくし、土日でも大丈夫。結婚、出産、離婚いろいろなことを経験しているので、子育てをしながら仕事を一生懸命している昔の私のような若い人にも、シングルでがんばっている人にも、少し上の世代の気持ちにも寄り添えると思います」。

整理収納サービスは、基本的には3〜6時間を目安にしていますが、依頼者に合わせて臨機応変に、2時間で終了することもあるそう。「片づけが苦手な方は疲れてしまうので、楽しいうちに終えて何回かに分けるケースも多いです。その間に少しだけ宿題を出すようにしていますね。例えばみんなが一番できない、不用品を処分すること。リサイクルショップに行ったり、フリマアプリで売るのは面倒なので時間がかかるんですよね。その面倒さを知って、自分で家にものを入れたことを考えてほしいなと思っています。自分が買ったものを最後まで自分で使うか、どうやって処理するかはとても大事なことです」。SNSで発信するよりも交流を大切にしたいと、お客様に対してはラインで何度でも質問してOKに。企業に所属しているため月給制なのにも関わらず、時間も人数も決めずに、働きすぎてしまうことは反省点だとか。

整理収納アドバイザーは今や主婦に人気の高い資格ですが、アドバイザーになった当時、周りに主婦はほとんどいなかったといいます。「私は主婦でシングルマザー。でも毎日お弁当をつくったり、どうすれば家事が楽になるかをわかっている。この仕事は主婦の目線が必要。主婦の特技を活かしてできるし、時間をコントロールできるから、お母さんでも働きやすいと思います」。資格を活かしたいなら、最初に自分の得意なことを見つけて特徴を決め、商品化することが大切だそう。「ものではなくサービスを売っているので、売りものは自分自身。私には元無印良品という特徴がしっかりあるから、声をかけられやすいんだと思います。顔や経歴を出すことに抵抗がある人もいると思いますが、買いものをするとき中身が見えないものは買わない。そう考えると、明記したほうがプラスになると思います」。

長谷由美子さん流片づけ

食器は使いやすいリビングに

お酒が大好きな長谷さん。パートナーと楽しむ晩酌セットはもちろん、電気ケトル、トースター、マグカップなどは、すべてダイニングテーブルから楽に手が届く場所に。

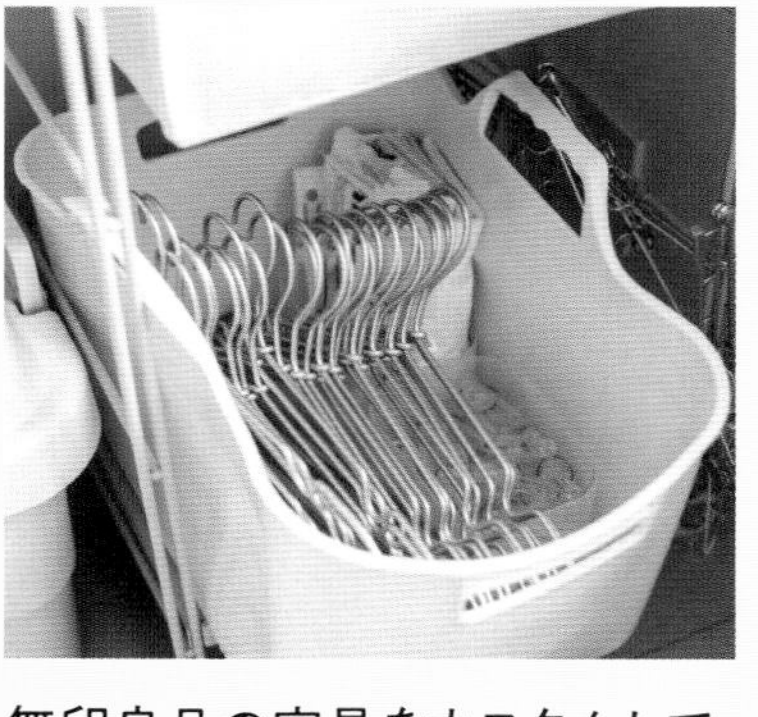

無印良品の家具をカスタムして活用する

自宅の家具はほとんど無印良品。ベッドサイドとクローゼットで同じシェルフを使い、組み替えて使うことを視野に。洗濯セットは、干してたたむ作業を行うリビングにまとめて。

仕事道具

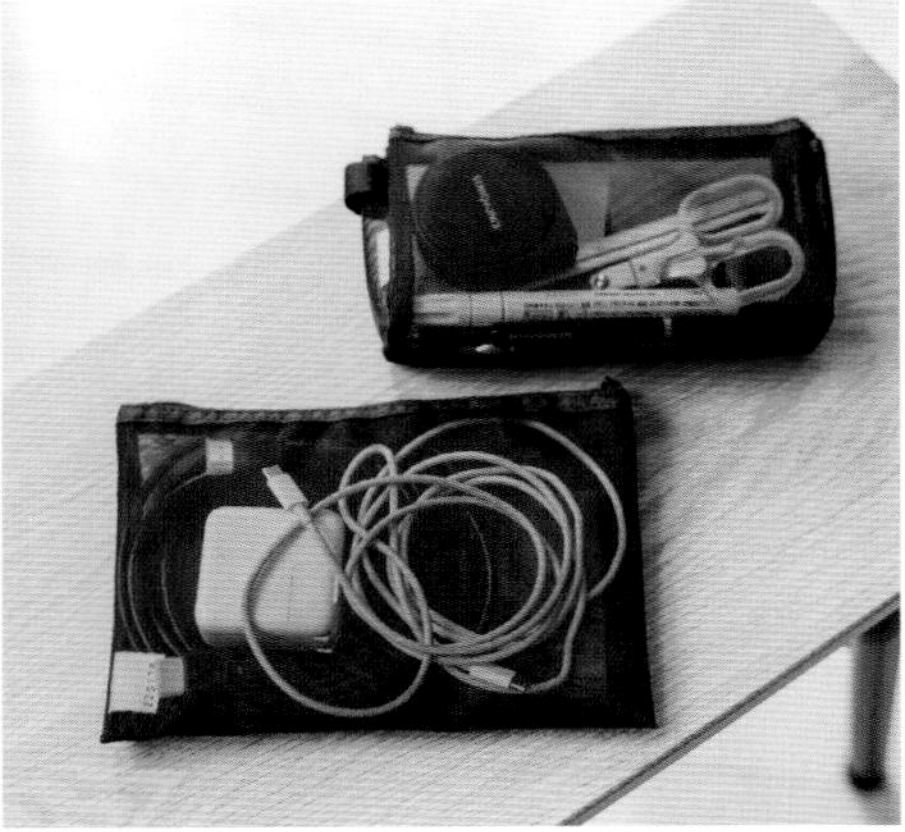

だんだんそぎ落とされたという仕事道具は、メジャーとペン、紙のみ。セミナー時には、ケーブルと電源も持参。お客様の家に忘れ物をしないよう、中身が見える無印良品のメッシュのポーチに入れて。

好きを仕事にして輝くこと

整理収納アドバイザーとして働きたいという人は、自分でやるか、誰かに雇われるかのふたつに分かれるといいます。「ひとりなら時給5000円を稼ぐこともできますが、集客から責任を負うところまで、すべて自分でしなくてはいけない。でも誰かに雇ってもらうなら、集客しなくていいし、その時間だけ働けばいい。その人のタイプによって分かれます。リクシルやベアーズなど、資格を持つ人を雇う企業も増えてきています。でもそこで実績を積んだとしても、独立してひとりでやるとなると状況がまったく違うことを念頭において。やはり個性がないと集客は難しいです」。

そんな長谷さんは、企業に入ることを選択。友人の会社の一事業部として、3人のスタッフとともに仕事をしています。「スタッフはほかの仕事もしているので、補助に入ってほしいときだけ。家具配置のためにCADで図面を引いたりするのは、一級建築士のスタッフにお願いしています。私は仲間がいるからこそ売り上げにもこだわり、ちゃんとやろうという気持ちになります」。

独立して3年目。依頼がきたものをすべて受けるのはやめました。「初年度はできるかどうかわからないものもすべて受けていたのですが、やってみたら苦手なものがあるとわかりました。自分以外の人のほうが向いているという仕事もだんだんわかってきました」。

整理収納アドバイザーは、やり方を変えて活動を広げれば、長谷さんのように一家の大黒柱として生活ができると太鼓判。「今しか見ていない人が多いですが、5年後、10年後にどうなっていたいか考える。そのために今年は、今月は、今日は何をするか目標を決めると実現できます。好きなことを仕事にすると絶対に輝けますよ」。

［ある日のスケジュール］

AM	0:00	就寝
	1:00	↓
	2:00	
	3:00	
	4:00	
	5:00	
	6:00	
	7:00	起床、朝食、身支度を整える
	8:00	メール、ライン、スケジュール確認
	9:00	スタッフと合流し、お客様宅へ移動
	10:00	出張お手伝いサービス：ヒアリング、動線チェック
	11:00	出張お手伝いサービス：動線変更、整理作業
PM	12:00	お客様と一緒に昼食
	13:00	出張お手伝いサービス：整理作業
	14:00	↓
	15:00	出張お手伝いサービス：収納作業、確認など
	16:00	お客様宅から移動、スタッフ解散
	17:00	メール、ライン、スケジュール調整、報告業務
	18:00	買い物
	19:00	帰宅後、夕食づくり、洗濯、片づけなど
	20:00	夕食
	21:00	テレビ鑑賞、SNSチェックなど
	22:00	入浴
	23:00	ストレッチ

yur.3さん

YURISAN

「アドバイザー業はしない。『言葉』で捨てられない人の背中を押す」

整理収納アドバイザーの資格は取らず、言葉を「発信する」ことで仕事にしているyur.3さん。自分の立ち位置を明確にし、しっかり差別化を意識しながら、言葉を紡ぎます。断捨離を後押ししてくれる格言はどのように生まれるのでしょうか？

［お仕事年表］

2010年	建設会社に就職
2015年	インスタを開始
2016年	はじめて雑誌『ESSE』(扶桑社)に掲載される
	インスタに文字入れするスタイルを開始
2017年	商品PRや記事執筆などをはじめる
	第一子出産にて育休
2018年	仕事復帰
	Ameba公式トップブロガー
2019年	建築事務所に転職
	初著書『28文字の片づけ』(主婦の友社)出版

［家族構成］

夫・長男2歳・義父・義母

［住まい］

新潟県／一戸建て(改築5年)／181平米

［取得資格］

カラーコーディネーター2級

［主な仕事内容］

書籍やコラムの執筆
インスタを中心とした商品PR

［SNS活用内容］

Instagram　@yur.3
活動の中心。断捨離を後押しする名言を写真に載せて投稿。頻度は決めていない。

Blog　https://ameblo.jp/yuriyyyyyy6/
インスタ投稿のさらにくわしい内容を文章で説明している。更新頻度は低い。

楽天ROOM　https://room.rakuten.co.jp/yur.3/items
実際に使ってよかったと感じるおすすめの商品だけを紹介。

Q.自分のセールスポイント

捨てたいけど捨てられないという人の背中を押す、強くて心に響く言葉を伝えることです。短いキーワードにし、語尾を強くいい切ることで、断捨離するきっかけや分別する基準になるようにしています。また、整理収納アドバイザーなどの資格は取らず、読む人見る人と同じ目線で伝えるよう心がけています。

Q.仕事にするまでの経緯

2015年からインスタを始め、翌年に写真の上へ文字を載せるスタイルにしました。特にものを手放すことにスポットを当てた文言を強く打ち出すようにしたところ、たくさんの人に見てもらえるようになり、2019年に著書を出版。コラムの執筆や企業のコピーを考える仕事へと発展していきました。

Q.楽しいこと、困ること

言葉に対しての反応が一番嬉しいです。困るのは、具体的な整理収納に関する相談がくること。整理収納アドバイザーではないので、時間のあるときは「私だったら……」という程度でお答えしています。実際にお片づけのサービスなども行なっていないので、できることは限られています。

Q.具体的な仕事内容

収入につながる仕事としては、企業のコピーを考える事案やコラムの執筆、商品PRなどがあります。現在は、設計事務所で広報の仕事をしているので、それと並行してフリーの仕事を続けていきたいと考えています。

5つの決めごと

1 めんどくさがり屋なのでメインであるインスタの更新頻度が下がらないように、なるべくスマホ以外の道具を使わない。

2 「変わりたい」というその人自身の潜在意識を引き出して後押しできるような言葉を発信をする。

3 言葉はなるべく短く、語尾はきっちりいい切るようにする。

4 自分で自分を縛らない。更新頻度は限定せず、続けられるようにする。

5 言葉はすぐにメモをする。どんなときでも書いて、ストックしておく。

自分の性格に合う発信をする

『今日の下着で救急車に乗れるか?』といった誰もがハッとさせられるような言葉を紡ぎ出すｙｕｒ．３さん。このキーワードは彼女自身にとっても、ものを手放すきっかけになったと振り返ります。「もともと、ものすごくめんどくさがりで、ズボラなタイプでした」。

義両親との同居のため、家のリフォームが決まり、引っ越しをするにあたって収納法を見直すことに。「整理収納に関する本を読みあさり、棚の中身を全部出して仕分けし、収納ケースに入れなおしてラベリングする。その工程をやってみたものの自分にはとても難しくて続けられませんでした。それなら、すぐに片づけられるようにものを減らせばいいと思ったんです」。そのとき、頭に浮かんだのが冒頭の言葉。少しずつものを減らすと同時に、インテリアも楽しめるようになり、その様子を伝えるブログをスタートします。「長い文章を書いたり、写真を何枚も撮ったりとなると、じっくり考えてレイアウトしたくなる性格なんです。そこでまためんどくささが出てきてしまいました」。そうして始めたのがインスタ。１枚の写真に短い言葉で伝えるというやり方は、ｙｕｒ．３さんの性格に合っていたのでしょう。それから、自分が意識していたキーワードを書くようにしていきます。

「私は、断捨離の基準を言葉にすることでものを手放すことができた。めんどくさがりの自分でもできることなら、需要があるんじゃないかと思って、『キーワード』を主軸に投稿していくことにしました」。片づけを仕事にするために、資格などを取る人が多いなか、ｙｕｒ．３さんはあえてその選択をしませんでした。「先生という立場からアドバイスするのではなくて、見ている人と同じ目線で自分の基準を伝えるほうが向いていると思ったんです」。

もともと、デザインの勉強をした後に、建築会社で広報やブランディングを手がける仕事をしています。どんな言葉を選び、どう写真で伝えるか。それまでの仕事と同じように自身のインスタでの投稿を考えていったのです。「いつか本を出したいという思いもあったし、家でできるフリーの仕事を増やしたいとも考えていました。ただ、それでどこまで稼げるのか、続けられるのかはわからない。それで勤め先での仕事もきちんとこなしながら、並行してやっていこうと始めたんです」。

お仕事効率アップ

いつでもメモできるよう iPhoneは手元に

投稿する際にすぐ言葉が浮かぶわけではないので、思いついたら必ずメモを取るように心がけている。入浴中でもiPhoneにすぐ手が届くよう、脱衣所に常にスタンバイ。

納得いくまで手書きの文字を吟味する

今年からキーワードを手書き文字で載せるようになった。形や字間、行間など納得いくビジュアルになるまで何度も書く。

とにかくものを手放して管理しやすく

書籍の撮影でも活躍したご自宅。洋服を厳選することで片づけが楽になり、家事に使っていた時間を仕事にあてられるように。

同じジャンル内で差別化して投稿

インスタを始めた当初は、キーワードを本文として書き、写真は自身の部屋の様子を撮影し掲載していました。「『言葉が刺さる』というコメントをいただくようになって、もっと伝わる方法がないか考えていくなかで、写真に言葉を載せるという投稿はどうかと思いつきました」。始めたのは2016年のこと。今では増えてきたスタイルですが、当時はほとんど見ることがなく、画期的なことでした。ほかの投稿に埋もれないように、自分の言葉がよりたくさんの人に伝わるようにと考えてのこと。

「ハッシュタグで『断捨離』『ミニマリスト』など、私の投稿を見ている人が多く目にするカテゴリーをチェックして、どういう内容が多いのか分析しました。そこでは写真に文字を載せている人はいなかったので、アプリを使って始めました」。もともとデザインの勉強をしていただけあり、ぱっと見て目につくビジュアルをつくるのは得意。タイムラインでたくさんの投稿が流れていくなか、部屋の写真に載せられた名言は、たくさんの人の目に留まることになります。

そうした投稿を続けるうちに着々とフォロワー数が増え続け、2019年には出版の話が舞い込みます。「本を出したいというのはインスタを始めたときからの目標だったので嬉しかったです」。ページのレイアウトも自ら考え編集サイドに提案して完成した初著書『28文字の片づけ』は重版を繰り返すほどの人気です。

それまでの投稿を1冊にまとめたことを区切りにし、yur.3さんはさらにまわりとの差別化を図ろうと考え始めます。「以前から手書きの文字で伝えたいという思いがありました。投稿を始めたときにはうまくできていなかったのですが、ちょうどいいアプリを見つけたので、今は考えたフレーズを自分の文字で書いて写真に載せるスタイルに切り替えています」。

インスタだけを発信の軸にしているため、人気が出てからも、自分の立ち位置を把握し、どういう投稿にすれば目に留まるかを、常に考え続けていることがわかります。伝えたいことを短い言葉にして何度も練り直し、さらにビジュアルを意識して繰り返し文字を書いてみる。1枚の投稿には、yur.3さんの見えないこだわりが詰まっているのです。

SNS活用術

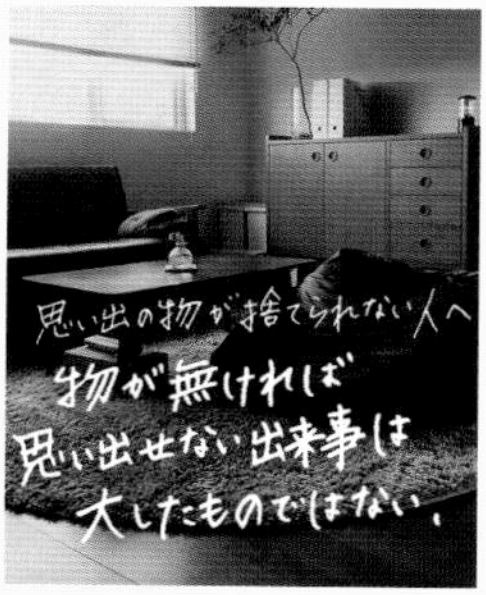

名言を書き文字にして、ほかとの違いを出す

yur.3さんの書く言葉は、どれも短く、いい切っているだけあって、心に残るフレーズがたくさん。印象に残すために、言葉の語尾を変えたり、文言を入れ替えたりと、何度もブラッシュアップして練り直している。今年からは、さらなる差別化のために手書き文字にも挑戦。それまでのフォントを使った言葉と違い、ノートに何度も書いてはビジュアルを吟味し、画像として取り込んで加工してから写真に載せているので、手間がかかっている。

ターゲットに沿った言葉を考える

整理収納アドバイザーの資格は取らず、フォロワーと同じ目線から言葉を伝えることを大切にしてきたyur．3さん。「アドバイザーではないけれど、誰かの背中をそっと押せるような言葉を考えていきたい。キーワードだけでも、断捨離のきっかけになったり、ものを選ぶ基準が見えたりするはずです。私の言葉が誰かの助けになっていたら嬉しいです」。

考えた言葉をきちんと伝えるため、yur．3さんは、自身のインスタを見ているフォロワーを細かく分析し、どんなアイテムに困っているのか、どんな言葉が響くのかを考えていきました。「私の場合、フォロワーさんの9割以上が女性で、8割以上が25～45歳という年齢層。さまざまなジャンルの投稿をしていくなかで、洋服に関することには反響が大きいことがわかったので、定期的にファッションにまつわることを書くようにしています」。『知り合いに会いたくない服は着ない。持たない。』『着ない服なら売りなさい。売れない服なら捨てなさい。』といった言葉は、その証です。

また、yur．3さんの名言は、きっぱりといい切ることも特徴のひとつ。「捨てたいけれど、捨てられないという人が多く見にきてくれている。そういう状況では『どうしますか?』とやんわり聞かれるよりも、『こうしなさい』と、強くビシッといい切られたほうが踏ん切りがつけられると思うんです」。言葉は届かなければ意味がない。だからこそ、強くいい切り、さらには短い言葉で端的に伝えるようにしているのだそう。目に留まって、すぐ行動に移したくなるようにということも考えてのこと。

そんな狙いは見事に的中し、コメント欄には『言葉が刺さります』『プリントアウトして飾っています』という反応が寄せられました。「写真に文字を載せているだけですが、1枚だけで完成したビジュアルになるようにと、とても考えてつくっています。それを飾ってくれているというのは、本当に嬉しい反応でした」。

目につく、心に留まるキーワードを考える。その言葉に合う写真を撮る。写真に文字を載せる際には、字の間隔や行間まで気を配ってレイアウトをする。さらに、最近は手書き文字に変更したので、ビジュアルに合う字面になるよう、何度も書き続けているのです。

yur.3さん流片づけ

「減らす」
という家事。

物を持ちすぎる人は、
失くしたことさえ
気づけない。

減らすことに罪悪感を持たせない

ものを処分することを悪いことのように感じる人もいる。「もったいない」「使える」と思うよりも、気持ちが楽になるよう「減らすこと自体が家事」と提言している。

ものを持ちすぎることのデメリットを伝える

自身の経験に基づいた言葉も多い。たくさんのものがあると自分で把握できずに管理が行き届かず、どこに何があるか見失ってしまうという事態を端的に表現している。

古いパンツも捨てられず、
女をサラリと捨てていく。

今日の服が妥協でも
そこから印象はつくられて
そのうち、
それがセンスになる。

ドキリとさせる言葉でいい切る

下着に関する名言も多く、ふだん周りからは見えないものへの断捨離を促している。周囲に聞けないことだからこそ、いい切られると納得できる人が多い。

ファッションネタで女性の心を掴む

自身のインスタを見ている大半が女性のため、ファッションに関する投稿を意識的に多くしている。洋服の断捨離について、センスや印象など、さまざまな角度から指摘。

「手書き文字をつくる」手間をかけた投稿が、差別化を生む

写真に文字を載せる投稿で、より目立つように手書き文字を導入。現在は実際にノートに書いて画像として取り込んでいるが、これからさらに効率よいビジュアルがつくれるよう、iPadの導入も検討している。

「言葉」を武器に、仕事したい

整理収納アドバイザーにはならず、片づけの訪問サービスやコンサルタントやセミナーの仕事はしない。yur.3さんは、自分が不得意なことはきっぱりとあきらめて進んできました。〝できること〟だけを見極めて、ブラッシュアップしてきたのです。『言葉』については、本当にすごく考えて書いています」というだけあり、たくさんの人がそのキーワードに背中を押されてきました。

yur.3さんのインスタの内容は、ものを手放すことを提示しているので、断捨離やミニマムな生活に興味のある人がよく訪れる流れになっています。「同じカテゴリーのなかでの差別化はもちろん意識していますが、そこに縛られず料理やファッションの分野も意識して見るようにしています。投稿の仕方のヒントがあるかもしれないし、視野を広く持つように心がけています」。どんな分野であれ、人気のある人がどんな投稿をしているのかを観察し、取り入れられるものがあれば応用する。言葉がどう伝わっていくか、どんな文言が刺さるのか、どう見せれば目に留まるのか。インスタが主軸だからこそ、動向をしっかり分析するようにしているのです。

その言葉の持つ力から、企業のコピーを考える仕事を請け負ったこともあります。「下着メーカーからの仕事でした。買い替えを提案する企画のためのキーワードを考えるというもの。少しずつそういう言葉を使った仕事もしていきたいと考えています。今は『ものを手放すこと』に特化した内容が多いですが、そこにこだわらない仕事を増やしていけたら嬉しいです」。

yur.3さんが生み出す言葉がこれからどんな世界へ広がっていくのか楽しみです。

［ある日のスケジュール　休日編］

AM	0:00	就寝
	1:00	↓
	2:00	
	3:00	
	4:00	
	5:00	
	6:00	起床
	7:00	朝食
	8:00	身支度、朝食づくり
	9:00	片づけ
	10:00	こどもを見ながらPR商品などの撮影
	11:00	↓
PM	12:00	昼食
	13:00	こどものお昼寝
	14:00	掲載誌の文章チェック
	15:00	↓
	16:00	買い物
	17:00	夕食づくり
	18:00	夕食
	19:00	片づけ、こどもと遊ぶ
	20:00	入浴
	21:00	寝かしつけ
	22:00	インスタの投稿作成
	23:00	↓

整理収納アドバイザー

三吉まゆみさん

MAYUMI MIYOSHI

「ビジネスの手法を取り入れ、汚部屋を生まれ変わらせる」

実家がものの多い「汚部屋」だったことから、整理収納アドバイザーの道へ進んだ三吉まゆみさん。資格を取っただけでは集客につながらず、考え方を見直すことに。営業やマーケティングの理論から仕事に取り組む姿勢を教えてもらいます。

［お仕事年表］

2014年	クリニックにパート入社
2017年	整理収納アドバイザー1級取得
2018年	退社
	違うクリニックに入社
	自宅セミナーを月1回開催
	インテリアコーディネーター取得
2019年	訪問お片づけサポートのサービス
	を開始
	クリニックを退社
	起業
	アドバイザー向けサービス開始
2020年	自宅セミナー再開
	アドバイザー向けに各地で
	カフェ会開催

［家族構成］

夫

［住まい］

東京都国分寺市／賃貸アパート（築4年）／1LDK43平米

［取得資格］

整理収納アドバイザー
インテリアコーディネーター

［主な仕事内容］

訪問お片づけサポート
自宅セミナー
オンライン片づけ相談

［SNS活用内容］

Instagram　@miyo_344
情報発信のメイン。収納のコツだけでなく自身の実家や手抜き家事なども紹介。

Blog　https://ameblo.jp/miyo-miyo-344/
毎日更新するツール。片づけ法からセミナーのお知らせまで幅広く発信している。

note　https://note.com/miyo_344/
プロのアドバイザー向け。情報発信のコツや営業のノウハウなどを伝える。

Q.自分のセールスポイント

汚部屋出身だからこそ、片づけられない人に寄り添ったサービスができるように心がけています。床が見えないくらいものがいっぱいのお宅にワクワクするくらいです。サービスを押しつけるのではなく、お客様に必要だと感じてもらえるよう、丁寧にヒアリングを行っています。

Q.仕事にするまでの経緯

結婚後、好きなことを仕事にしたいという思いが生まれました。実家が汚部屋だったことから、インテリアや整理収納に興味を持って資格を取得して活動開始。SNSでの発信をしながら、コンサルを受けてビジネスの勉強もし、訪問サービスやプロ向けのアドバイスの仕事を強化しています。

Q.楽しいこと、困ること

部屋が劇的に変化しなくても、お客様の心持ちが変わったことが伝わってくるだけでとても嬉しいです。困るのは、汚部屋のお客様が訪問サービスの前に、片づけようとしてしまうこと。私は片づけのために行くのですから、罪悪感を持たずにそのままを見せてもらえたらと思っています。

Q.具体的な仕事内容

個人向けには、片づけの訪問サービスのほか、自宅セミナーやズームでのオンラインアドバイスにも取り組んでいます。プロ向けには、お茶会を開催したり、オンラインでもインスタやブログでの発信についてのコンサルティングも行っています。noteでは、プロ向けの記事を有料で配信しています。

5つの決めごと

1 ブログは毎日更新。

2 SNSの発信はわかりやすい言葉で。

3 片づけのテクニックだけでなく考え方も発信する。

4 アドバイスよりヒアリング強化。

5 気持ちを代弁する発信を心掛ける。

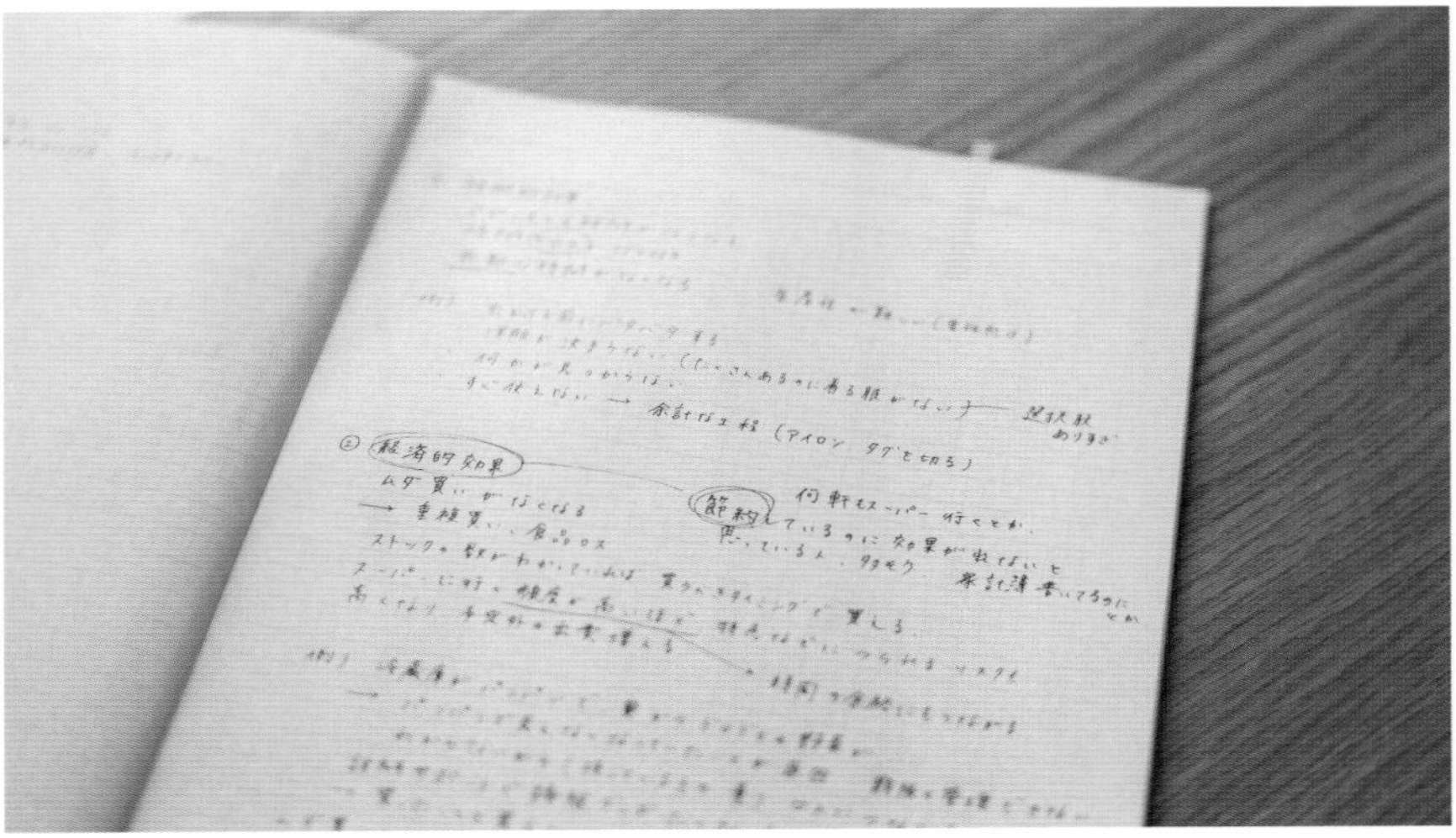

思いついたことをなんでも書き留めておくアイデアノート

ブログは毎日更新し、そのほかにもインスタやnoteにも投稿しているため、日々考えていることや思いついたネタをノートに書き留めている。どの内容をどのSNSに投稿するかは付箋で色分けして分類。

ターゲットを明確にする

肩書きは『汚部屋出身整理収納アドバイザー』。「結婚して実家を出て初めて気づいたのですが、ものの多い実家だったんです」という三吉さんは、好きな仕事をしたいと思い始めていた時期だったこともあって、資格を取得。それまでの医療事務の仕事と並行して、整理収納アドバイザーとしての活動を始めました。

学んだことや自身の家の収納などの情報を発信するためにブログを開設。インスタのフォロワーも着々と増えていきます。「フォロワーが増えても、実際に仕事が増えたわけではありませんでした。集客につなげるためにどうしたらいいいか、コンサルタントに相談したんです」。

結果、具体的な顧客像＝ペルソナを明確にし、発信する内容を考えていくことになりました。「そのとき、頭に思い浮かんだのが実家の状況。そこで美しい部屋をつくるよりも、ものがいっぱいの汚部屋状態の人を助けたいと考えたんです」。投稿する内容はハードルを低くし、ときに自身の部屋が散らかった様子も見せることで、少しずつ集客につなげていけるようになったのです。

お仕事効率アップ

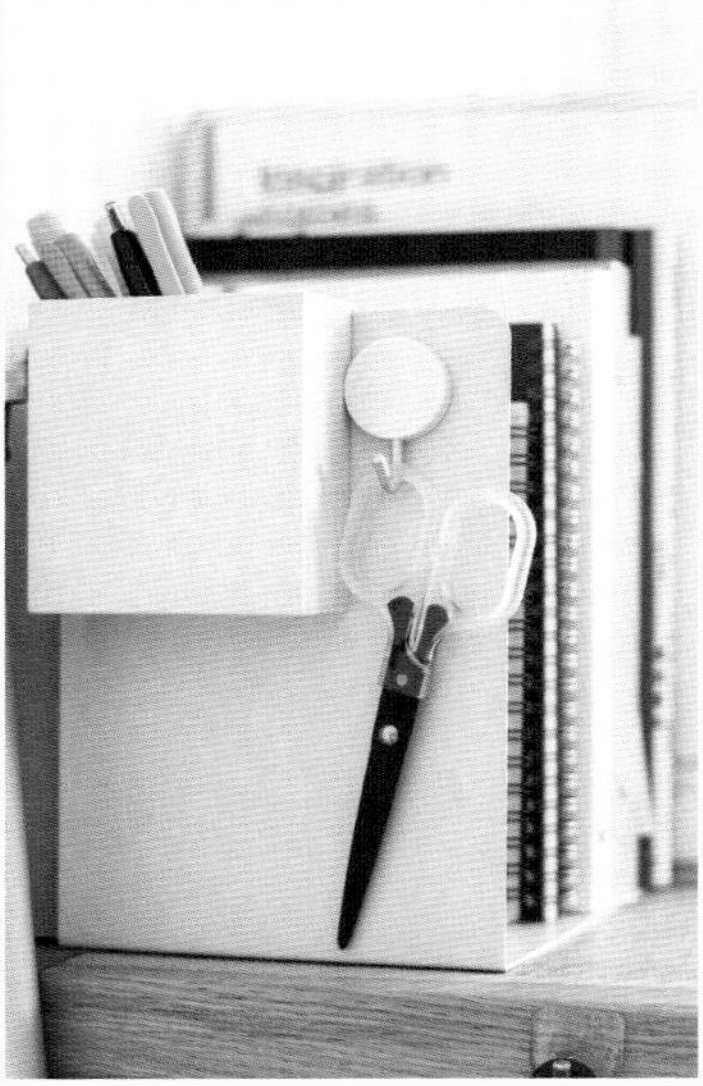

仕事道具は1カ所にまとめる

ダイニングの横に棚を設置し、書類や文房具など仕事に使うものをひとまとめに。よく使うものはすぐ手に取れるよう引っ掛け収納で、夫との共有のものは引き出しに分類。

前日にTO DOをチェック

バーチカルタイプの手帳を使ってスケジュールを管理。毎晩、翌日の予定を確認し、どの時間で、どんな仕事をやるべきかを組み立てるようにしている。

ビジネス書や自己啓発本を読む

整理収納に関する書籍だけでなく、営業のハウツーやコーチングなど幅広いジャンルの本を積極的に読んでいる。他業種の情報やノウハウを蓄積し、仕事に活かしている。

整理収納アドバイザー1級の資格を取った夫との共同活動も開始予定

もともと、ものの量が少なく、片づけ上手だというご主人。三吉さんの活動に影響を受け、整理収納アドバイザー1級の資格を取得。これから夫婦での活動もしたいと意欲的。情報発信の相談もしているそう。

「汚部屋出身」で安心感を与える

自ら『汚部屋出身』と名乗り、日々の投稿でも片づけられない人に寄り添うことで、訪問サービスの仕事の依頼数を増やしてきました。インスタやブログでは、片づけが苦手という層に響く内容を心がけてきたといいます。「最初は片づいたきれいな家の様子ばかり投稿していたのですが、あるとき、実家の汚部屋を紹介したら反響がすごかったんです。私に求められているのはこの安心感なのかと気がつきました」。投稿を読んだ人は安心し、自分の家をこの人に任せてみよう、相談してみようと思うのでしょう。

片づけられない悩みを持っている人は、同時に罪悪感も抱えているもの。収納術の提案ばかりではなく、アドバイザーの三吉さんが自ら『散らかることがある』『家事の手を抜くことがある』と伝えてくれると、共感し親近感がわくのです。「もともと片づけが得意な人よりも、実家が汚部屋だった私のほうが、片づけられない人の心理はリアルに実感できます。それを大切にしなければと思っています」。

SNS活用術

丁寧な暮らしは諦めた
Chili
TOMATO

汚部屋さん向け
来客前のチェックポイント

訪問お片付けサポート
ビフォーアフター

この冬、着なかった服
ありませんか？

汚部屋時代にやっていた
NGお菓子収納

インスタの現実

片づけ下手な人が親近感をもてる投稿が話題

整理収納が得意な人よりも片づけ下手な人に向けた内容が中心。写真に見出しとなる文言をズバッと載せて、キャプションを読ませる。自身の失敗談を動画で見せたり、日々のリアルな生活として『インスタ用の写真を撮る際には、テーブルの上のものをどけている』といった“あるある”と共感できる投稿も。

狭いスペースは壁面を有効に使う

夫婦ふたりで43平米の賃貸アパートに住んでいる三吉さん。収納スペースが限られているため、よく使うものは引っ掛け収納にしている。S字フックやネクタイフックを使い比べ、仕事にも活かしている。

他業種のハウツーを勉強する

何軒かの訪問サービスを経験するなかで「営業の勉強をきちんとしなければと実感しました」と三吉さんはいいます。片づけることの利点はもちろん、リピートしてもらうためには、どんな部屋にしたいかを思い描くことを促さなければなりません。「ただ『いい商品ですよ』というのではなく、まずはお客様の悩みを引き出すことが大切です。そして、その悩みを解決できるサービスを提供する。私のサービスを受けたいと思ってもらう道筋をつくることが営業なんだと思い知りました」。営業のノウハウや悩みを聞き出すためのコーチングの書籍を読んで勉強中なのだとか。

また、他業種の営業の仕方や発信法も参考にしています。「美容院やエステなどは、営業の内容がすごく似ていると思っています。新規顧客の獲得法やリピートしてもらうためのサービスなど、すごく勉強になるんです」。整理収納だけに限らず、どんな分野のものでもインスタやユーチューブの発信法をくまなくチェック。見せ方や伝え方を研究して取り入れているのです。

三吉まゆみさん流片づけ

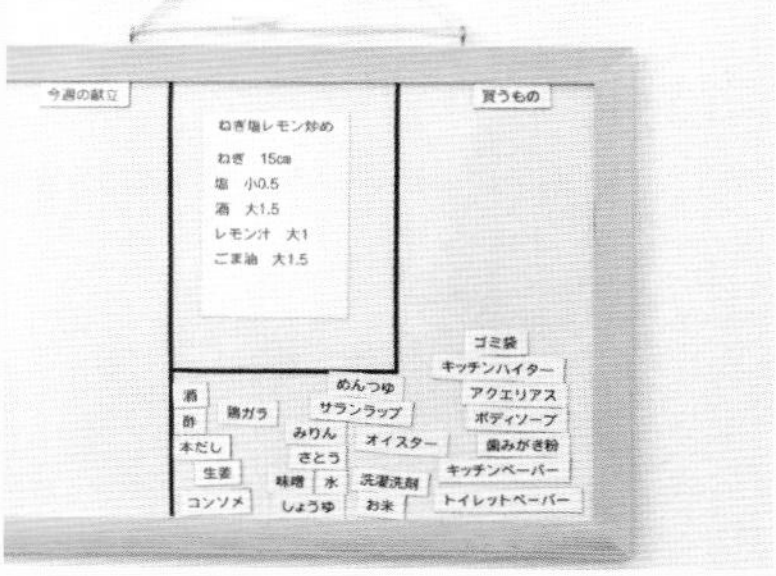

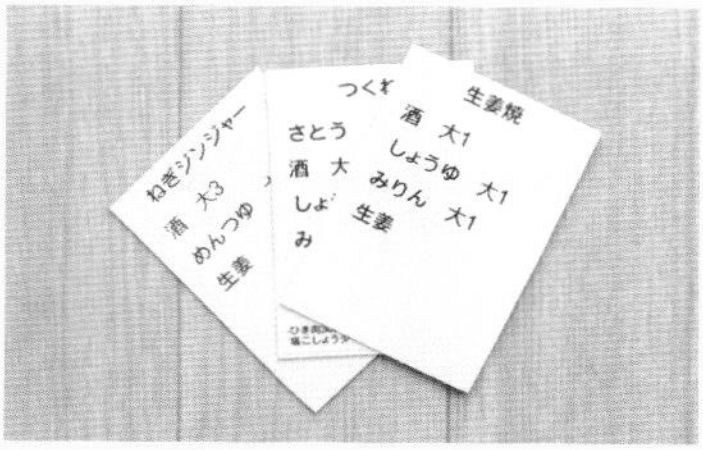

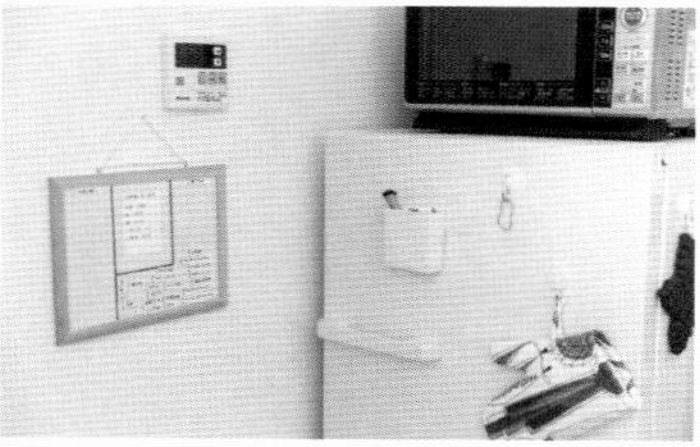

料理も食材も一目瞭然にする

定番料理は調味料の配合がすぐにわかるようボードに貼るようにしている。料理中に使い切った調味料や日用品も同じ場所に貼って、買い忘れやダブりを減らすように工夫。

シーズンオフはクローゼットに

扉の開け閉めのアクションがある分、出し入れが億劫だからとクローゼットにシーズンオフの洋服類を収納。保管しておきたい書類なども一緒にまとめている。

かけるだけ、入れるだけ

シーズン中の洋服はハンガーにかけ、パジャマ類はカゴにポンと入れるだけ。バッグの中身も横のラックに入れ替えるだけ。すべてをリビングで一括管理している。

仕事道具

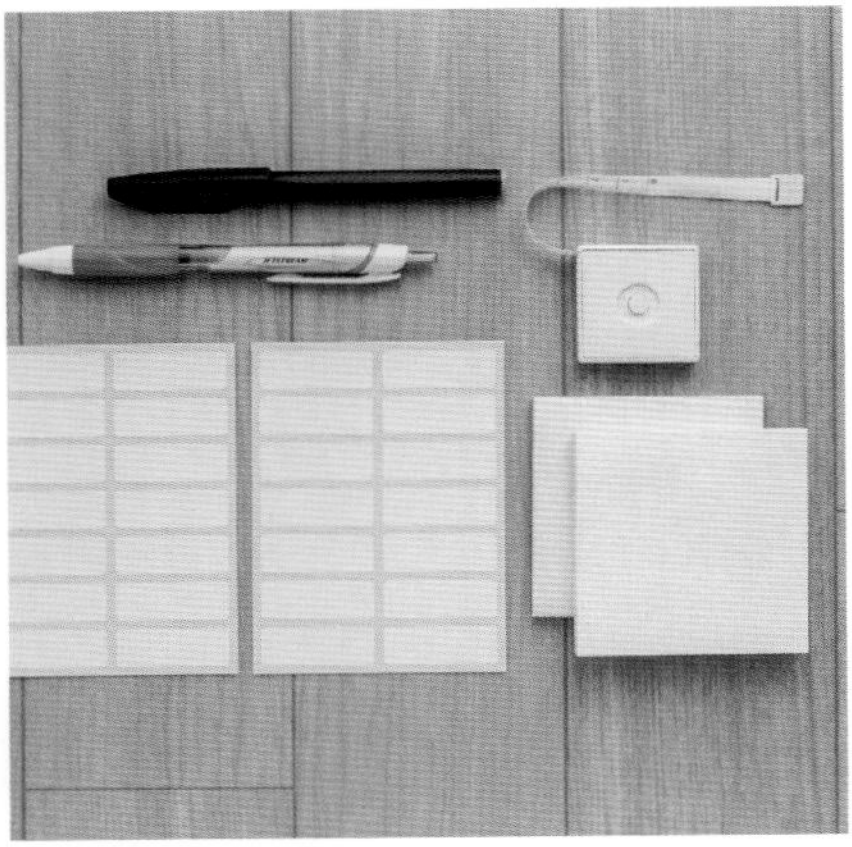

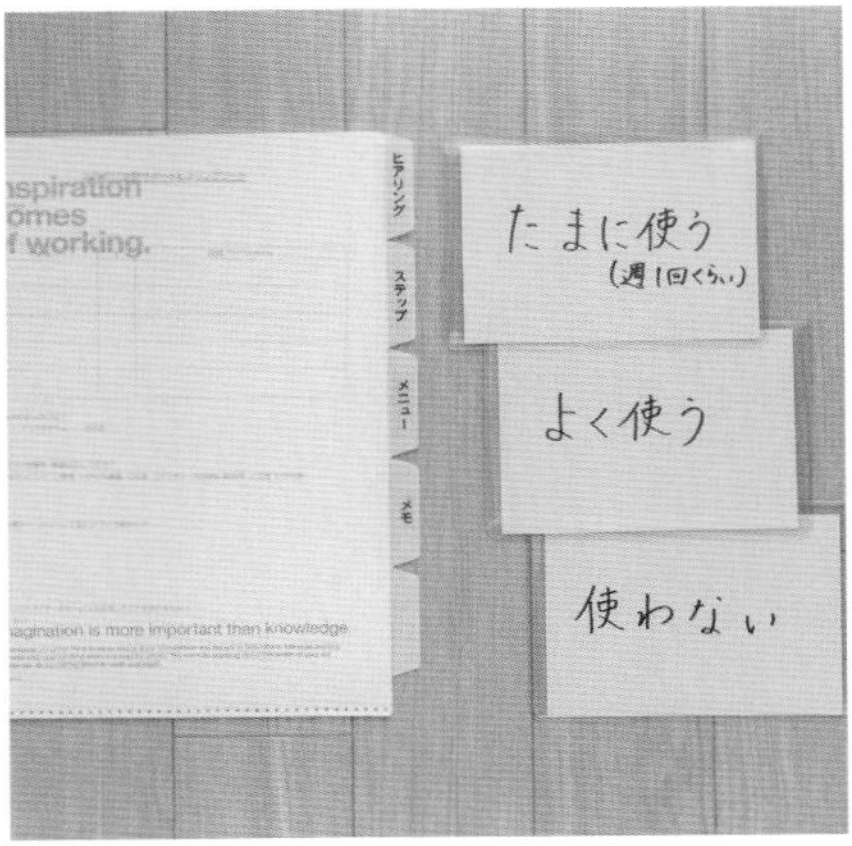

写真左は、整理時に使う分類ラベル。分類が明確になるよう、ラベリング用の付箋やシールは持参する。写真右は、訪問サービスの際に使うオリジナルのシート。相手の悩みや希望を細かく聞き出し、書き留めるようにしている。そのうえでじっくり相談して仕分け作業を行う。ものの多いお宅では、作業していくうちに出てきた不要な収納用品をうまく活用するため、自ら持っていくことはほとんどない。

ノウハウを伝えるコンサルの仕事

汚部屋出身ということを伝え、ターゲットに寄り添う発信をする。相手に伝わる言葉や内容にするために、営業を学ぶ。ＳＮＳで片づけ術を発信するだけでは仕事につながらなかった経験から、三吉さんは視野を広げて仕事に取り組んできました。

今はそのノウハウをプロの整理収納アドバイザーに向けて発信するというコンサルの仕事もスタートしています。「気軽に悩みを話して相談し合うお茶会は東京に限らず、地方でも開催し始めています。ほかにはハウツーを有料の記事にしてｎｏｔｅで配信するようにもなりました」。一般の顧客向けと、プロのアドバイザー向けと伝える内容はしっかり分けて、そのためのツールも使い分けているというわけです。「同じノートにアイデアを書き溜めて、混乱しないよう付箋でしっかり整理するようにしています」。

また、従来の自宅セミナーに加え、ズームでのオンライン相談やラインでの発信もスタートして、活躍の場をどんどん広げている三吉さん。これからは、訪問サービスについても、じっくり考えていきたいと話します。

三吉さんの影響を受けて整理収納アドバイザー1級の資格を取得したご主人と夫婦での活動もしていきたいと考えているのだそう。「整理収納サービスの大半は女性が中心ですが、男性でも悩んでいる人はいるでしょうし、夫婦の問題でも男性同士のほうがわかりあえることもあるかと思うんです」。

やりたいことがどんどん出てくる三吉さん夫婦。これからの活動の広がりに注目です。

［ある日のスケジュール］

AM	0:00	
	1:00	
	2:00	
	3:00	
	4:00	
	5:00	起床
	6:00	翌朝更新のブログを予約投稿
	7:00	朝食、掃除、SNSチェック
	8:00	家を出る
	9:00	電車内で読書、SNSチェック
	10:00	お客様宅でお片づけサポート
	11:00	
PM	12:00	
	13:00	
	14:00	
	15:00	作業終了
	16:00	帰宅
	17:00	夕食準備
	18:00	夕食後、夫とカフェへ
	19:00	読書、SNSチェック、仕事
	20:00	帰宅
	21:00	お風呂
	22:30	就寝
	23:00	

整理収納アドバイザー

KAYOHOME
西澤佳代子さん

KAYOKO NISHIZAWA

「思い立ったらすぐ動く。多様なツールに挑戦して発信する」

インスタやブログなどのSNSに加え、ユーチューブやズームなど、西澤佳代子さんが発信に使う手段は多岐に渡ります。考える前に動いてやってみる。その機動力の源は、家を片づけることで前向きになれた、自身の経験を伝えたいという強い思いです。

[お仕事年表]

2009年	薬剤師として薬局に就職
2018年	整理収納アドバイザー1級取得
	住宅収納スペシャリスト取得
2019年	薬局休職
	ビジュー式片付けカードワーク®
	インストラクター取得
	初著書『コスパ家事』(大和書房)
	を出版
	「KAYOHOME」開業

[家族構成]

夫・長女7歳・長男5歳

[住まい]

長野県長野市/一戸建て(築4年)/
3LDK 96平米

[取得資格]

整理収納アドバイザー1級
住宅収納スペシャリスト
ビジュー式片付けカードワーク®インストラクター
時間マネージメントコーチ

[主な仕事内容]

訪問整理収納サポート
整理収納コンサルタント
お片づけ講座
コラム・執筆など
時間の整理講座

[SNS活用内容]

Instagram @kayo.home00

収納術から時短家事まで、写真に文字を載せわかりやすく幅広い内容を掲載。

Blog https://kayohome00.com/

こどもに対する片づけ方など、より丁寧にわかりやすく説明したい内容を掲載。

楽天ROOM https://room.rakuten.co.jp/room_5433547023/items

実際に使ってみていいと実感したおすすめの商品をまとめて紹介している。

YouTube https://www.youtube.com/channel/UCnLTIpUfnt6YAXBuktEQGjA

自身の片づけの様子や、片づいているからこそ楽な朝のルーティンなどを紹介。

Q.自分のセールスポイント

子育てをしながら考えた、こどもと一緒にできる片づけ術を伝えられるところです。完璧を目指さずに、ママが楽になれる具体的な方法を提案しています。また、全国の方とズームで片づけに関するやりとりをしたり、ユーチューブで動画を配信したりと、思いついたことは、すぐに実践するようにしています。

Q. 仕事にするまでの経緯

もともとは薬剤師として働いていましたが、自身の家づくりをきっかけに、整理収納の仕事に興味を持ちました。薬剤師を続けながらアドバイザーの資格を取得。インスタでの発信をもとに著書も出版しました。フォロワー数が増え、地元での人脈ができたところで、本格的に仕事をスタート。

Q.楽しいこと、困ること

いろいろなSNSを試し、自分らしい発信の仕方を考えるのは楽しいです。今はユーチューブの動画編集に力を入れています。困るのは、地元では整理収納アドバイザーの仕事の認知度がまだ低いことです。どんなことができるのか、丁寧に地道に知ってもらえるよう、努力しているところです。

Q.具体的な仕事内容

拠点としている長野県を中心に、一般家庭の訪問サービスのほか、カフェや雑貨店での片づけに関する講座やワークショップなどを手がけています。全国に向けてのSNSでの発信も大切にしていきたいと考えていて、ユーチューブやズームなど新しいツールを活用することにも積極的に取り組んでいます。

5つの決めごと

1 暮らしが楽しくラクになれるよう意識する。

2 片づけだけでなく暮らし全体を考える。

3 SNS投稿などは、自分の経験をもとに役立つことを発信。

4 その人に合った提案を一緒に考える。

5 そのときの全力。

思い立ったらすぐ行動し、活動の場を自ら生み出す

長野という地域で活動するにあたり、まずはたくさんの人に仕事を知ってもらいたいとインスタやフェイスブックで発信。さらに名刺をつくって建築会社や市の施設へ営業に行って講座を開設するなどアクティブに動く。

自分の好きな整理収納術を伝える

「昔の自分は、片づけができず、家事に時間がかかっていました。何もできない状況に落ち込んで、家にいることも嫌いだったんです」と西澤さんは話します。その気持ちが一変したのは、新居を建てるにあたって整理収納の勉強を始めたから。どうすれば片づけられるかを理解し、家づくりに取り入れたことで家事がスムーズにまわるようになったのです。「家にいる時間だけでなく、自分のことも好きになれて、アドバイザーとしてこの経験を伝えていきたいと思うようになりました」。

西澤さんの住まいは、長野県長野市。まずは仕事の内容を周囲に理解してもらうことから始めたそう。「最初は『整理収納』という言葉が知られてなかったので、掃除をする人だと思われたりしていたんです。それに長野は広い家が多く、片づける必要性の高い人が少ないという状況も目の当たりにしました」。そんななかでも、困っている人はいるに違いないと、子育て中のママたちが集まるイベントへ行ったり、ワークショップの企画をカフェへ持ち込んだりして、活動の幅を広げていきました。

お仕事効率アップ

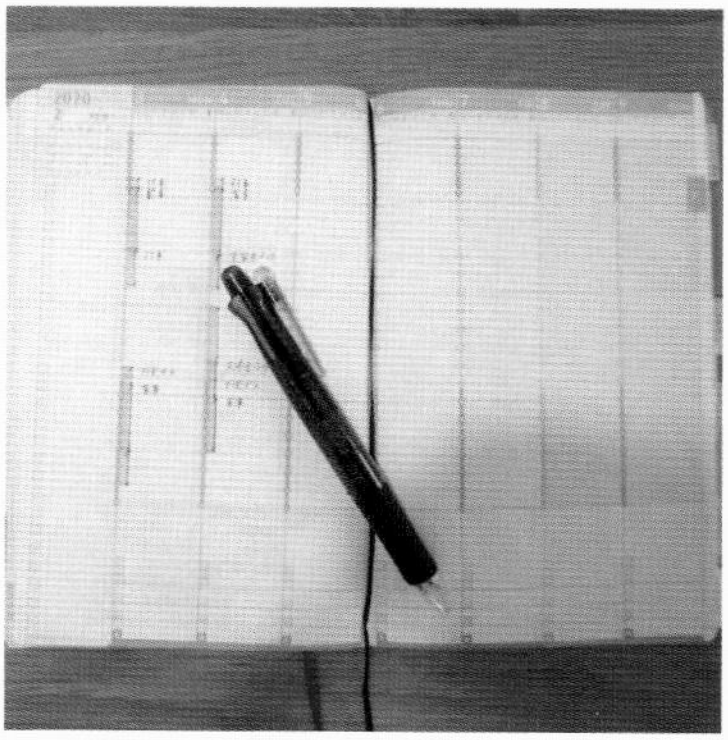

バーチカルタイプの手帳で予定管理

講座や訪問サービスなど、日によって仕事内容が異なるため、時間軸で管理。前日に空いている時間帯を把握し、動画撮影や編集作業などに当てている。

仕事場所の近くに便利ツールを

ダイニングで仕事をすることが多いため、パソコンやスマホ用の電源タップをすぐ脇に設置。自動でバックアップするタイプを選び、手間を省くようにしている。

ときにはプロの手を借りる

洗濯機の掃除など、大がかりな作業はプロのサービスに依頼。自分でやるよりも仕上がりがよく、その時間を勉強や仕事に当てることができて効率もいい。

家事の時短でワークタイムをつくる

夕食をつくるついでに、野菜をカットして冷凍。日々の家事を時短すれば、仕事の時間を捻出することができる。さらにこのアイデアを家事ネタとしてインスタに投稿。

いろいろなSNSツールを試す

地方での活動だからこそ、人脈を広げることを西澤さんは大切にしてきました。まず力を入れたのはインスタ投稿。「片づけについてだけでなく、家事についての時短ネタなども投稿していました。少しずつフォロワーが増えていって、2年ほどで出版社から書籍の話がきたんです」。片づけによって、家事を楽にするコツをまとめた著書『コスパ家事』を出すことで、さらにフォロワーが増えていきます。

しかし、実際に整理収納アドバイザーとしての仕事の依頼には、うまく繋がらなかったそう。「全国の人が見てくれても、長野に住んでいる私に片づけを頼もうというお客様は多くありませんでした。そこで、地元に密着した活動をしなければ、と切り替えたんです」。

思い立ったらすぐに動くタイプの西澤さん。地元のママたちが集まるイベントへ参加して、自分の仕事を知ってもらうと同時にフェイスブックでつながりを持つようにしました。さらには、イベントをよく行うカフェや雑貨店へ自らワークショップの企画を持ち込んだり、公民館で何かできないか交渉に行ったり。「フットワークは軽いので、とにかく動いています。実際に開催するときは、フェイスブックで知らせて地元の人たちに広めてもらうようにしました。そもそも整理収納アドバイザーの仕事を知ってもらうところからのスタートだったので、いきなりの訪問サービスではなくワークショップやセミナーでハードルを下げるようにしてよかったと思います」。

また、地元の人たちと直接つながるという以外に、ズームを活用して遠方の人とつながる方法も試しています。「ズームなら、遠方のお客様へ向けての講座をすることも可能ですし、個人のサポートもできるので活用していきたいツールです」。

さらに今後、力を入れていきたいと話すのがユーチューブ。実際に自分がどのように片づけをしているかルーティンを紹介することで、役立つ情報をよりわかりやすく発信できるからです。「ユーチューブはまだ勉強中ですが、動画だからこそ伝えられることもたくさんあると実感しているところです」。

とにかくやってみる。動いてみる。この機動力が西澤さんの活動を広げていることは間違いありません。

SNS活用術

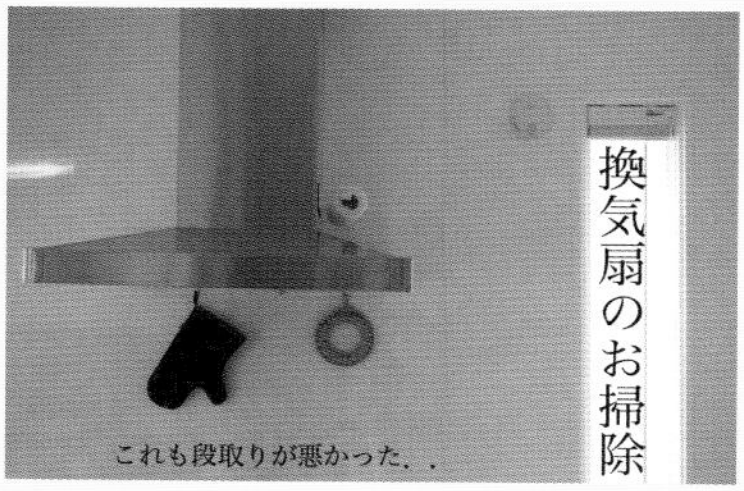

インスタ投稿は家事全般のネタを網羅して発信

日々の片づけのコツはもちろん、家事の時短につながることや掃除の技など、インスタでは幅広く発信。こうした投稿がきっかけで著書の出版にもつながった。写真に載せる文字は、格言もあれば、気持ちを表現したものも多く、見る人の共感を得ることでファンを増やしている。

新たにユーチューブでも情報を伝える

これからは動画も需要があると考え、ユーチューブを開設。自分の家事のルーティンをアップし、そのコツなどを紹介している。動きがあるからこそ、使い勝手のよさが伝わる内容に。

完璧じゃなくていいと寄り添う姿勢

西澤さんが片づけ術を指南する際に気をつけているのは『完璧を目指さない』こと。「毎日、常に片づいた状態をキープするのはとても難しいことです。こどもがいる家庭ならなおさらのこと。片づけなくちゃと自分を追いつめるような状態にはなってほしくないという思いがあります」。西澤さんが目指すのはあくまでも『家事が楽になる』＝『気持ちが安定する』状態。「特にインスタは、小さなこどもがいるママに向けて発信しているので『ママを楽にしたい』という気持ちが根底にあります」。自身も片づけられないときには、家事がうまくいかなくて時間がかかってしまっていたと振り返ります。そういうママの気持ちがわかり、同じ悩みを持っていたからこそ、役に立ちたいと思うのです。

「散らかっていても、しまう場所がきちんと決まっていれば、もとに戻せるから大丈夫だよと伝えたい。リビングの床におもちゃが広がっても、『散らかったな』ではなく『よく遊んだね』と思えたら気持ちが楽になるという考え方を提案したり。こどもと一緒におもちゃの見直しをするという内容なら、あえてbeforeの散らかった状態を写真に収めて投稿することもあります」。見た人はきっと『これならできそう』『ちょっと楽になる』と安心することでしょう。

ママが楽になるためには、こどもが自主的に片づけられるようになることが理想です。とはいえ、すぐにできるものではありません。「例えば、寝る前に『5分でやろう』と時間を決めて、ゲームとして提案すると片づけてくれたり。こどもの目線に合わせて使いやすい高さに収納場所を設置することも大切です」。

整理収納のセオリーとして、全部出してから仕分ける流れがあります。こどもはその工程すべてにずっと集中力が続くわけではありません。「全部出したところでテンションが高まって終わってしまうこともあれば、急に仕分けができることもある。いきなり出かける前になって、こどもの片づけスイッチが入ったときには外出をやめたことも。インスタでもそのまま発信して、『完璧にはできないものです』とありのまま伝えるようにしています」と笑います。着実にファンを増やしている要因は、この等身大の姿勢で教えてくれる収納術なのでしょう。

西澤佳代子さん流片づけ

こどもが片づけやすい高さを意識する

おもちゃや絵本は、こどもでも手が届く高さに。収納場所を低くすることで、こどもが自分で片づけたり用意などができるようになったそう。こどもの目線を意識することが大切。

ラベルはこどもがわかるように

自分たちで着替えができるよう、洋服の収納場所にラベルを貼っている。イラストなら、文字が読めない年齢でも理解できる。

「全出し」からこどもも参加する

整理収納のスタートである「全出し」。おもちゃやおやつもこどもが自ら挑戦することで、物量を意識することにつなげている。

仕事道具

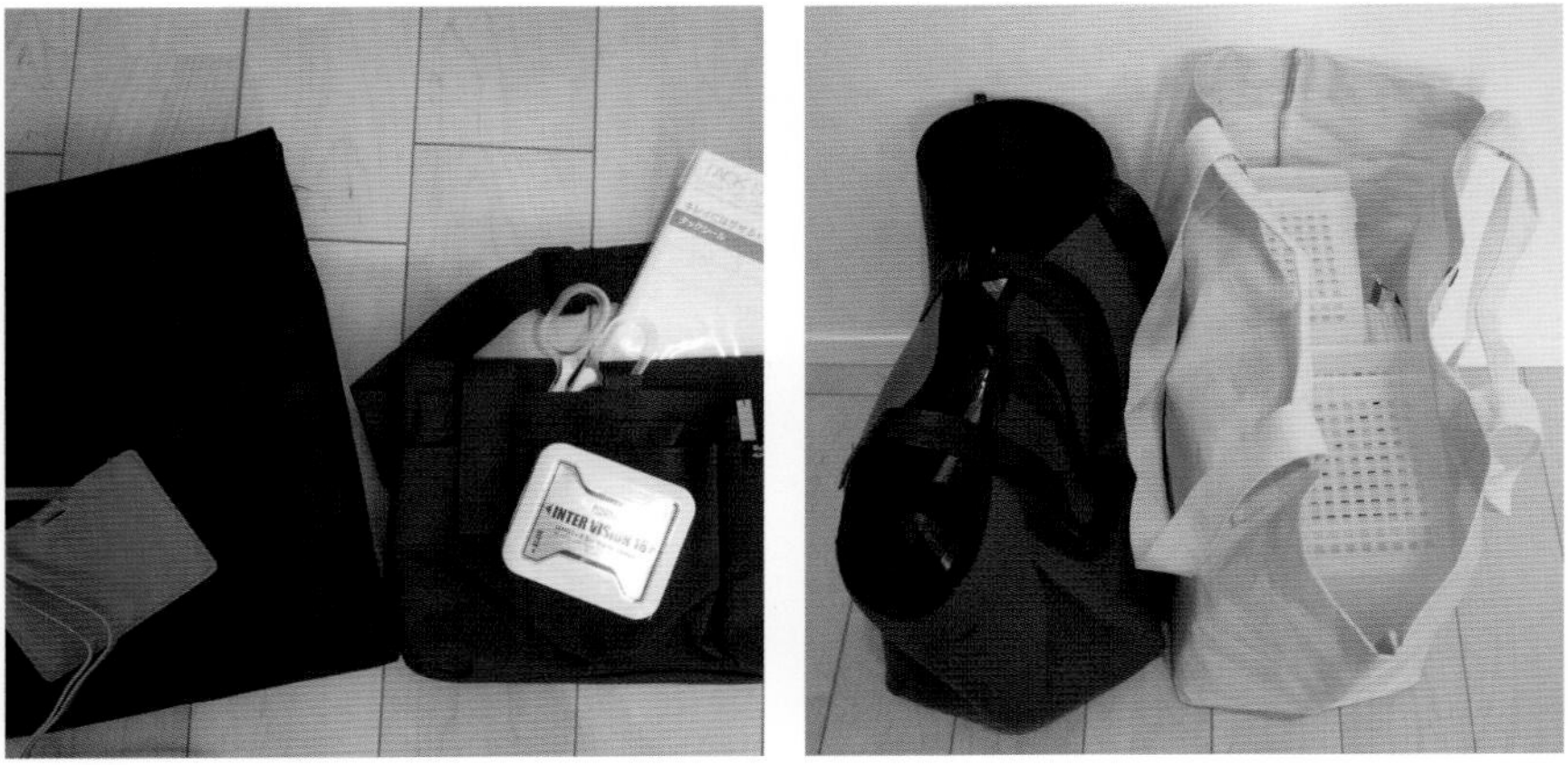

個人宅に訪問しての整理収納サービスの際、時間内にきちんと解決することが重要なポイント。限られた条件のなかで、1カ所でも片づけが完了するようにと収納グッズはできる限り持っていくようにしているそう。さまざまなサイズや形状のものを用意。また、ポーチのなかには、内寸まで測れる「プロマート」のメジャーやはさみなどの文房具類、ラベリングに使う貼ってはがせるシールなどを入れ、作業効率をアップ。

魅力を伝えられる活動を

現在、西澤さんの活動は、個人宅訪問による整理収納サービスと、さまざまなＳＮＳで発信する、というふたつの軸を持っています。

「まだ仕事を始めたばかりの頃の訪問サービスでは、帰ってきてから『もっとできたんじゃないか』と落ち込むこともありました。事前にしっかり準備をする必要性を痛感したんです」。依頼を受けたら、まず自分でとことん調べるようになり、さらには、持っている知識だけに頼らず、常に情報をインプットして知見を広げるようにしているそう。また、先方の要望だけを解決するのではなく、その先の暮らしまで想像して、希望以上の仕上がりになるような提案を心がけています。「未熟な部分はあるとは思います。でも、その時点での自分の全力を出せるように努力をするようにしています」。

長野という地域での活動では、都心部に比べれば訪問サービスの依頼はそれほど多くはないかもしれません。だからこそ、一軒一軒のサービスで全力を尽くすようにされているのでしょう。少しずつ地道に仕事をすることで、リピーターが増えていけば、整理収納アドバイザーという仕事をより知ってもらうことにもつながります。「片づけの実作業の仕事だけではなく、整理収納の楽しさや意義を伝えて広めていくには、SNSでの発信にもとても意味があると思っているので、いろいろなツールを積極的に使っていきたいですね。今の自分の状況でもできることを模索して、どんどん挑戦していきたいと思っています」。

西澤さんのこれからの活動は、まだまだ広がりを見せてくれるに違いありません。

［ある日のスケジュール］

AM	0:00	
	1:00	
	2:00	
	3:00	
	4:00	
	5:00	起床、掃除、家事
	6:00	朝食づくり、朝食
	7:30	娘送り、夕食づくり
	8:30	息子の準備、息子送り
	9:00	移動
	10:00	整理収納コンサル 1軒目
	11:00	
PM	12:00	移動
	13:00	コンサル 2軒目
	14:00	
	15:00	移動
	16:00	こども迎え
	17:00	こどもの学校のものの片づけ、準備
	18:00	お風呂
	19:00	夕食
	20:00	片づけ
	21:00	明日の準備
	22:00	就寝
	23:00	

整理収納アドバイザー

水谷妙子さんの現場潜入レポート

個人宅へ訪問しての「整理収納サービス」。
今回はヒアリング2時間、別日に実作業4時間の短期プランで
お悩みをどう解決するのか、実際の現場を見せてもらいました。

※現在、水谷さんは個人向けサービスの新規受付を停止中。随時ウェブで情報をご確認ください

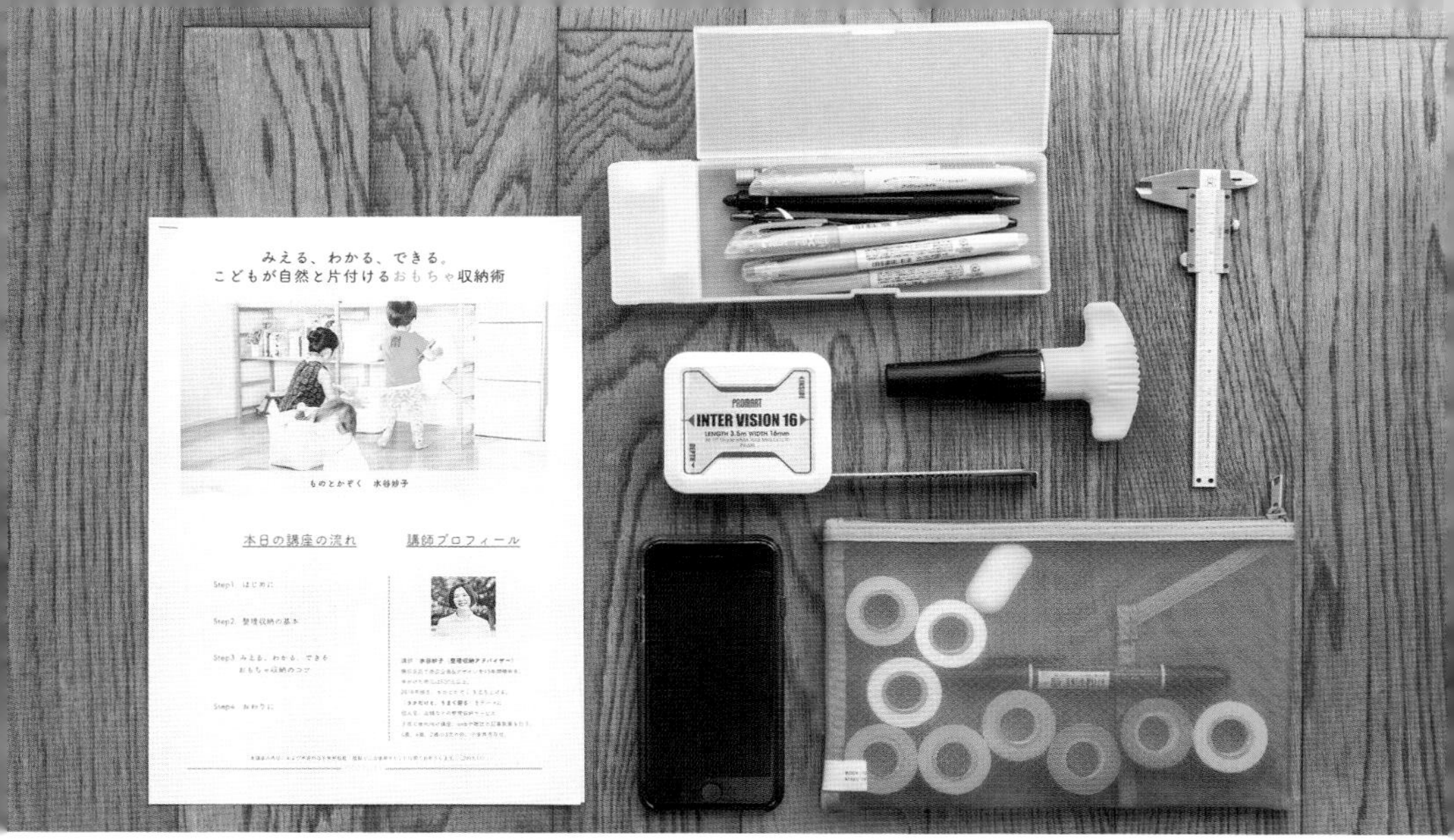

ヒアリング

AM 11:00—PM 13:00

畠山《しまやま》家は、夫婦と4歳の男の子、1歳の女の子の4人暮らし。3LDKの住まいのなかで、リビングダイニングと隣の和室が生活の中心です。こどものおもちゃや洋服がどうしても散らかるというお悩みがあります。

水谷さんの持ちもの

ヒアリングで使う資料のほか、メジャーやマスキングテープなどの道具、さらに、その場でアタリをつけるために収納グッズをいくつか持参します。

今回、水谷さんが向かったのは、畠山さんのお宅。事前に「こどものおもちゃと洋服の収納について悩んでいる」というお悩みを聞いたうえで、水谷さんがまず始めたのは自作の資料を見せながらの説明です。『整理』は使うものと使わないものを分けること。『収納』はものの定位置を決めて収めること。これができたら、もとの場所に戻す『片づけ』がスムーズになり、『掃除』しやすく、きれいな状態が保てます」。畠山さん夫婦は大きくうなずきながら納得している様子。片づけまでの流れを把握したら、困っていることを具体的に聞いていきます。「どうしてもおもちゃが散らかりがちです。親が片づけることも多いので、自分でできるようにしたい。洋服も整理して、こどもが自分でお着替えできたらいいなと思っています」という言葉に水谷さんは「こどもの目線に合わせたシステムを作っていきましょう！」と頼もしく答えます。

出し入れしづらいおもちゃ収納棚（和室）

ゲージによってデッドスペースとなったテレビ下収納（リビング）

まずは現状をチェック。どこにどんなものがどれくらい収納されているかを確認していきます。同時にヒアリングしながら希望を聞き、どうしたら解決できるかを組み立て、今後の展開を考えます。水谷さんの頭はフル回転。

一緒に家のなかを見ながら、おもちゃと洋服の現状を把握していきます。まず、おもちゃは、リビング横の和室にある収納棚と、リビングのあちらこちらに置かれている状態。水谷さんは「お子さんが遊ぶ場所は、和室とリビング、どちらでしょうか？」と確認していきます。リビングで遊ぶことが多いということで、テレビ下の収納をチェック。「今はゲージもあり、夫婦が使う仕事の道具などが入っていますが、別の場所に移動できます。ここにおもちゃや絵本をまとめられたらいいなと思っています」という畠山さんの話に水谷さんも賛成。続いて洋服の収納についてヒアリング。こども服は、和室の押し入れのプラスチックケースにまとまっています。しかし、引き出しのなかがいっぱいではみ出ているものも。「洋服はサイズアウトしたものや、ほとんど着ていないものもありそうですか？」と中身をチェックしていくことになりました。

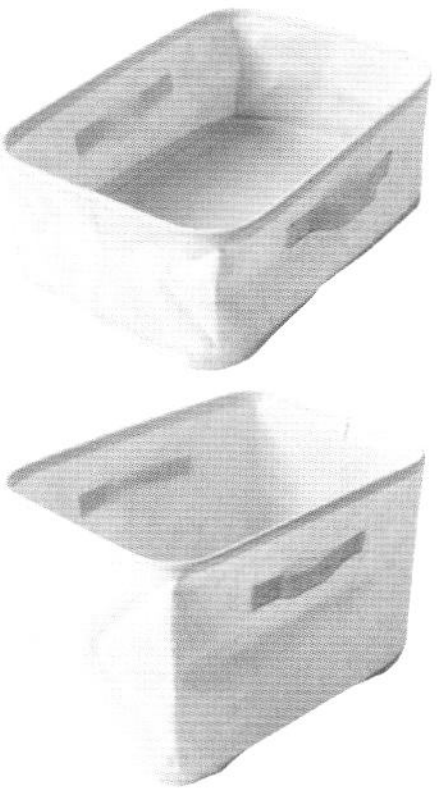

上：ポリエステル綿麻混・
ソフトボックス・長方形・小
下：ポリエステル綿麻混・
ソフトボックス・長方形・中
（無印良品）

ポリプロピレン整理ボックス
（無印良品）

タックシール
（ダイソー）

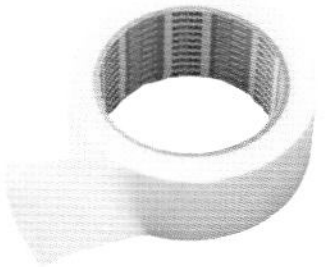

マスキングテープ
養生テープ（ダイソー）

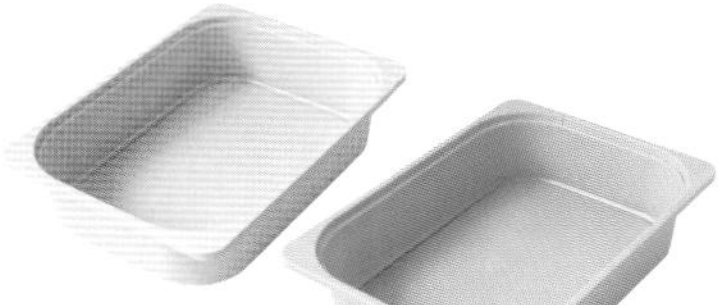

TROFAST トロファスト収納ボックス
ピンク・グリーン（IKEA）

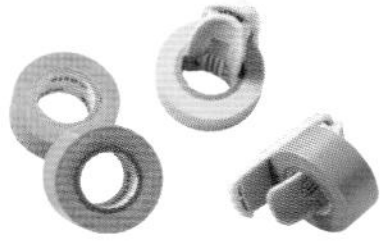

マスキングテープカッター
カルカット クリップタイプ（コクヨ）
マスキングテープ・ベーシック・
8巻セット カラーミックス
（マークス）

収納用品の準備

必要なものをリストアップすべく、アタリをつけるために持参した収納グッズを棚に入れながらサイズ感や使い勝手を確認。作業日までにラインで解決法を提案し、どこに何がいくつ必要か、いくらかかるかの目星をつけます。

「おもちゃ収納でおすすめしているのが、棚のなかをめいっぱい埋めるサイズの箱にしないことです。すき間を作ることで、こどもが中身をすぐ把握でき、片づけやすくなります」と、おもちゃの量と棚のサイズに合わせた、布製のボックスを提案。「これならこどもでも出し入れしやすく、すき間をつくることで引き出さなくてもポンポン投げ込めます」。一方、これまでおもちゃを収納していたIKEAの棚には、兄妹の洋服を収納することに。「ここにこども服をまとめれば、洗濯後の動線的にも効率よくなります。すべて浅い引き出しにすると、衣類が埋もれずなか身もひと目でわかります。兄妹で色分けしてもよさそうですね。ただ、この引き出しは大きめなので、仕切りがないとぐちゃぐちゃになります。サイズにあった整理ボックスをひとつずつ入れるようにしましょう」と、追加購入するものを決めていきました。

作業日

整理する

AM 11:00

整理は、まず使うものと使わないものを分けることから始めます。おもちゃや洋服は、それぞれ全部出してチェック。だいたい1年以内に使ったかどうかを基準にしていきます。迷うものは、一旦保留にして再度整理。

「今は、IKEAの棚におもちゃが入っていますが、この溝があるタイプの引き出しは、おもちゃを入れると引き出し自体が重くなって出し入れが難しくなることも。衣類は比較的軽いのでスムーズですよ」と水谷さん。ただ、現状の洋服量では、この棚には入りきりません。「おもちゃもそうですが、1軍と2軍に分けてみましょう。頻繁に遊ぶおもちゃ、今の季節に着ているものを1軍。頻度の低いおもちゃ、シーズンオフのものを2軍と考えてみてください」という提案に、畠山さんから「おもちゃの仕分けは、こどもと一緒にやったほうがいいんでしょうか?」と質問が。「できるだけ一緒にやってください。その際に『これいる?』と聞くと、仕分けに慣れていないこどもの心理的には全部必要だと判断しがち。『いちばんの宝物は何かな?』と優先順位をつけるようにして、整理してみてください」と水谷さんがアドバイスしていきます。

処分したもの

仕分ける

PM 12：30

使うもの、使わないものに分けた後は、使うものをさらに仕分け。使う頻度によって、1軍と2軍に分けていきます。優先順位をつけることで、何が必要かを明確にし、収納方法を考えます。

「おもちゃも衣類もお母さんが管理していましたが、こども自身が管理できる量は多くありません。大人が3分で片づけられる量を目安にしましょう」と仕分け作業に。まず、使うもの、使わないものに分類し、使うものはさらに1軍と2軍に分けます。「おもちゃの2軍は、こどもの目に入らないところへ収納。遊ぶ様子を見ながらときどき1軍と入れ替えてもいいですね」と水谷さんからのアドバイス。こども服の仕分けでは迷うこともありました。「着ないけれど、アプリで売れるかもというものもある。いただいたおさがりもどうしたらいいかわからなくて」と話す畠山さんに水谷さんが答えます。「『フリマアプリの呪い』と言っているのですが、『いつか売る』というタスクがあるとストレスになりませんか？ おさがりについても、意外と相手は覚えていないものですよ」という言葉にホッとした様子でどんどん仕分けが進んでいきます。

色分けでわかりやすく

こどもが自分で身支度できる仕組み

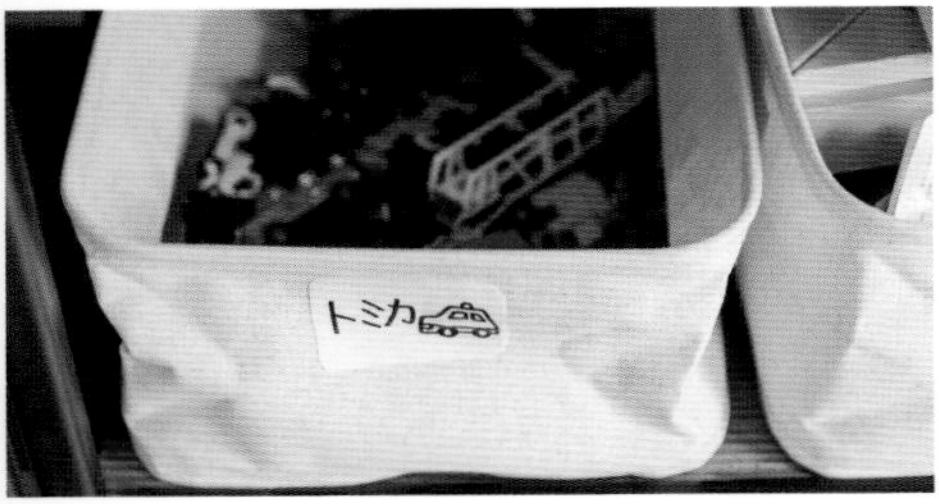

出し入れしやすいから片づけも楽

空いたスペースに仕事道具をまとめて

収める

PM 13：30

いざ、収納する作業へ。ボックスや引き出し、棚へと収めていきます。場所が決まったら、ラベリングも忘れずに。特に収納の仕組みを変えたばかりのときは、どこに何があるか一目瞭然の状態にしていくのが、水谷流の整理収納術です。

仕分けが終わったら、実際に収めていく作業へ。仕分けの結果、こども服は、兄妹それぞれの1軍がＩＫＥＡの棚に収まる量に減っています。「すばらしいです！ これならお母さんも楽になるはずですよ。我が家はたたまないでポンポン入れているだけです。それくらいでもいいんですから」と水谷さんの言葉に畠山さんも嬉しそう。兄妹で色の違う引き出しに入れ、さらにこどもがわかるようラベリングをしました。次に、おもちゃはテレビの下の棚へまとめます。「分類は、お子さんがわかる言葉を使ってください」というアドバイスに従って「トミカ」や「レール」とラベリングしました。あちこちに置いていた絵本も棚の上に移動。「絵本は、本自体にも棚にもマスキングテープを貼って、同じ色の場所に戻すようにしましょう」。お兄ちゃんは青、大きな絵本はオレンジと決めて立てます。こどものものが1カ所にまとまって見事にすっきり。

PM 14：30

片づけ

実際に片づけをしながら、使い勝手を確かめていきます。収納法に正解はなく、その人の性格やライフスタイルに合わせたものが一番いいからです。こどもの目線も確かめて、よりやりやすい方法に整えていきます。

実際に片づけてみて、出し入れのスムーズさに驚く畠山さん。「おもちゃは、ボックスの上にすき間があることで、そこからポンッと放りこめるのでとても簡単です。こども服も『たたまなくてもいい』と言われたことで気持ちがすごく楽になりました。じつは、一番苦手な家事が洗濯物をたたむことなんです」と嬉しそうです。おもちゃのボックスも、こども服の引き出しも、物量が減ったことで、ひと目で中身がわかる状態になりました。「最初は1軍の洋服が入りきるかなと思っていたくらいなんですが、仕分けするうちに減らせたので、引き出しに余裕ができました。2軍にしたものをちょっとだけ昇格したくらい」と話す畠山さん。水谷さんも「衣替えもスムーズだと思います。おもちゃも衣類も、お子さんの成長とともに変化していくものです。それに合わせて分類を見直して、収納方法も臨機応変に考えてみてください」。

おもちゃ収納から兄妹の衣類スペースに（和室）

テレビ下収納におもちゃを集合（リビング）

どこに何があるかすぐわかる（リビング）

PM 15：00

すっきりと出し入れしやすい状態が完成。ヒアリングして悩みを聞き、その人の気持ちに寄り添うことで、仕分けがスムーズにできたからこその成果です。大人もこどもも片づけやすく、ストレスのない空間になりました。

「今までおもちゃや絵本、こども服をまとめて片づけるのに1時間はかかっていたんです。それが3分で終わるように。この時短により、ストレスがなくなりました」と畠山さん。また、お子さんにも変化が。「おもちゃをポイポイと入れて片づけてくれるし、洋服は自分で出して着られるように」。それまで畠山さんが棚から洋服を選び、毎朝10回は『着替えてね』と言っていたのが『棚から選んで着てね』と伝えるだけでよくなったそう。一方、苦労したのは、不用品の処分でした。「おもちゃも洋服も友人に譲るには、選別して洗濯して磨いてと時間も手間もかかりました。おかげで、ものとのつき合い方を考えるようになっています」という言葉に水谷さんがアドバイス。「ものを把握できて、戻す場所が決まれば、家事がスムーズになります。大切なのは、ストレスなく楽しく生活すること。これからも暮らしにあわせて見直してみてください」。

整理収納の
プロになるための教科書

「整理収納」にまつわるお仕事の仕方はいろいろ。
自分のライフスタイルや理想とするやり方を
見つけて準備をしましょう。

01 整理収納の基本を知る

「整理収納」というと今あるものをきれいに収納したいという思いが先走りますが、「収納」をするには、まず要・不要の区別という「整理」をしなければなりません。ものを手放すのは気が重いですが、使用頻度の異なるものが混在していれば、毎日使うものも使いづらくなります。〝捨てる〟ではなく〝区別する〟を前提に、「整理」→「収納」の順に作業を進めます。

効果

整理収納された空間では「あれはどこ?」とものを探す時間が軽減されます。そして、どこに何があるかを把握できると無駄な買い物もなくなります。こうした時間や経済面の無駄が減ると精神的なゆとりへとつながります。

捨てられない理由・ものが増える要因

意識しないとものは増えていきます。そして、意識をしないと減りません。捨てられない理由は状態がよいもの、人からもらったもの、高かったもの、使い切っていないもの、など。ものが増える要因は、セールや特売品などで欲しくないけどつい…、流行りもの、純粋に買い物好き、など。

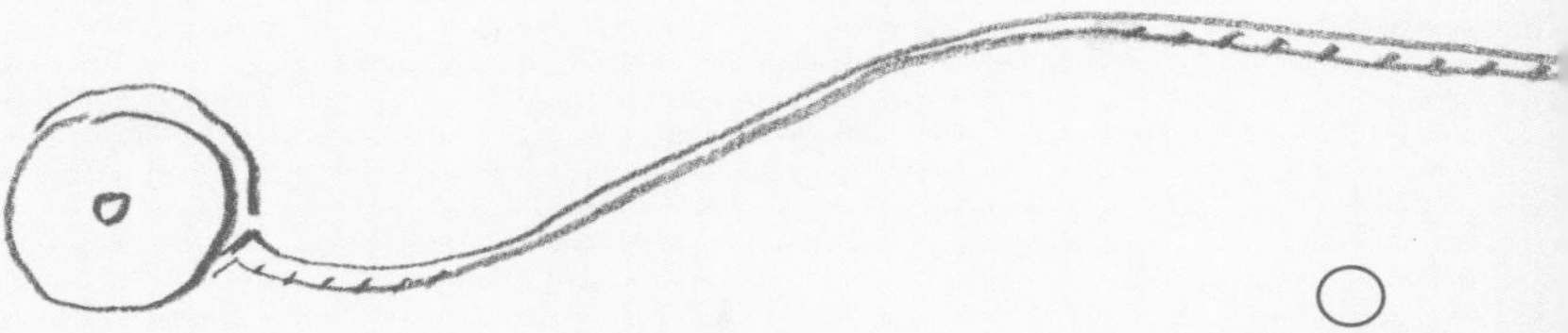

○整理する

「整理」とは、〝いるもの〟と〝いらないもの〟を区別していくこと。これらが混在した状態ではものが出しにくかったり、見つけづらかったりと使いづらく、どこに何がどれくらいあるかの把握さえも困難。カテゴリーごとに全部出しをして不要なものを取り除いたら、必要と認定されたものをさらに用途や使用頻度ごとに分けていきます。

使用頻度を知る

要・不要の選別の際に重要なのは、使っているかいないか。また、過去1年以内に使ったかなど。また、使用したいと思ったときにすぐ使える場所にないと、あったことさえも忘れてしまう原因に。ものがただ所有されているだけにならないためにも使用頻度の再確認を。

グループごとに分ける

複数のものをセットで使用する場合、あらかじめグループごとにまとめて収納しておくと時間の短縮に。例えば、朝食セット、銀行セット、おむつ替えセットなど。あっちこっちに行ってものを取り出す手間も減り、しまうときもセットで戻せばいいのでノンストレスです。

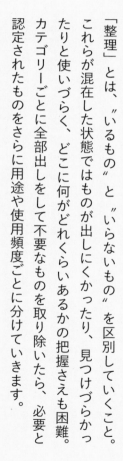

○収納する

使う人の日々の動作・動線を理解して、使いやすい高さや収納場所をイメージします。ものは「使う」「戻す」の繰り返し。出し入れがしやすい仕組みを考えることが第一です。例えば、腰より少し高い位置は身体的なストレスが少ない1軍ゾーン。引き出しなら手前に使用頻度の高いものを入れるなどの工夫も。

スペースに合った適正量とは？

収納スペースや暮らしに合わせた人ぞれぞれの適正量がありますが、本来は収納スペースに収まる量を適量と考えて量を調節していきます。収まらない場合はものを減らすか、収納場所を分けますが、むやみに収納スペースを増やしたりぎゅうぎゅうに詰め込まないように注意が必要。

ものの定位置を決める

どんなに見た目がよくても、動線やものを置く位置（高さ）、引き出しが多すぎてどこに何があるのかすぐ見つけられないなど収納の仕方が悪いとリバウンドしてしまいます。ラベリングを活用するなどの工夫をして、ものの定位置を使う人全員が把握できるようにしましょう。

○片づける

「整理」「収納」のステップを踏むと使いやすさだけではなく、しまいやすさも実感できるようになります。ぎゅうぎゅうに詰め込んだ引き出しは、しまうたびに押し込むストレスがありますが適正量で収めるとしまうときも出すときもスムーズ。小さなストレスからの解放がきれいな部屋をキープするモチベーションにつながります。

使ったものを戻す

頭ではわかっていても、ものが置きやすい高さの台があれば、ついつい「ちょい置き」してしまうもの。それが溜まりに溜まって、なだれを起こしてしまうことも。定位置にしっかり戻すことを意識して、それでも溜まるなら定位置の見直しのチャンスと考えましょう。

リバウンドしない方法

蓋つき収納は中身が見えない分、使っていないときは美収納に見えますが何が入っているのか一見わかりません。蓋を開けてなかのものを取り出すまでのアクション数が多くなるなどの難点もあります。使う人、使用頻度、用途に合わせた収納用品を使い分けるのもポイントに。

02 — どんな仕事があるの？

本書でご紹介した「整理収納を仕事にする」10名のプロも仕事の仕方はそれぞれでした。一般的なのは個人宅を訪問する整理収納サービスですが、オフィスや店舗、大手企業などの整理収納を手がけるアドバイザー、アドバイザーの育成をするアドバイザー、メーカーとともに商品の企画・開発をしたり、講座やセミナーを開催し全国をまわって整理収納術を伝えたり、地域に密着して気軽に参加してもらえるワークショップを企画したり、テレビ出演や雑誌・書籍・ウェブなどの企画監修や執筆などのメディア進出をする人もいます。どこを目指したいのか、理想とする形を思い描きながら、焦らず自分に合った仕事の仕方を見つけましょう。

企業・個人宅訪問 整理収納サービス

「整理収納のプロ」として、部屋が片づかない原因を見つけて、整理の考え方やコツなどをお伝えしながら問題を解決していきます。ちなみに「整理収納アドバイザー」という肩書きを名乗れるのはハウスキーピング協会認定の資格1級を取得した人のみです（資格についてはP144へ）。「整理収納アドバイザー」によるサービス料金は経験値によっても異なりますが1時間につき5000円前後が相場とされています。アルバイトや正社員、フリーランスで個人事業主として活動するなど方法もいろいろ。フリーランスであれば、知人などにモニターになってもらい実績を積んだり、サービス内容がわかるウェブサイトなどの拠点を用意しておくことも重要。

ワークショップ開催

整理収納アドバイザーの存在はテレビや雑誌でなんとなく知っているけど、実際依頼するまでの最初の一歩というのはお客様にとっても勇気のいること。そんなハードルを下げて参加できるのがワークショップ。同じテーマに興味を持った人たちが集まる空間は出会いもいっぱいです。

講座・セミナーの講師

整理収納をするメリットや考え方について、人に伝える。基本的な考え方やメソッドは同じでも、そこに自分ならではの強み（＝売り）があると集客につながり、共感するファンの獲得も期待できます。自由度の高いインスタライブやズーム、ラインなどを使用したオンライン講座なども人気。

メディア進出

雑誌・ウェブなどでの執筆、企画監修、誌面やテレビ番組への出演など、メディアへの露出で活躍の場を広げていく人もいます。人気が出てくると著書を出版できるチャンスも。メディア関係の人もSNSで日々情報をリサーチしているので、SNSで目立った投稿をすることが近道かも？

商品監修

整理収納のプロの目線から使いやすい収納用品や収納家具などの監修・開発をするお仕事。自身の経験やノウハウ、知識を活かしたアイデアとセンスが求められます。経験値の高い人気アドバイザーが監修した商品ともなると、幅広い購買層が期待され、メーカーなどからのオファーを受けるケースも。

03 資格の種類

「整理収納」にまつわる資格は意外とたくさんあります。「整理収納」とは仕事にせずとも日常生活を送る上で役立つものなので取得しても損はなし。資格を取る理由としては、「片づけが苦手」「片づけが好きだからスキルアップしたい」「整理収納のプロとして仕事をしたい」など、とても幅広いです。苦手な片づけを克服したくて勉強し始めたつもりが「整理収納」の楽しさに目覚めて仕事にしてしまう人もたくさんいるのだそう。目的や目標が明確ならそれに合った資格を取得するのが一番ですが、資格の勉強をしながら見えてくることもあるはず。まずはどんな資格があるのか参考に。ここでは数多の資格のなかから、ほんの一部をご紹介します。

整理収納アドバイザー1級

プロとして活動するための考え方や知識を2日間の講座で学んだ後、1次試験（筆記）＋2次試験（プレゼンテーション）に合格すると整理収納アドバイザーを名乗って活動することができます（ハウスキーピング協会認定）。

整理収納アドバイザー2級認定講師

整理収納アドバイザー1級取得後、ハウスキーピング協会認定の講師として、整理収納アドバイザー2級認定講座を開催できるようになります。講師として必要なスキルを身につけたい方にも有効（ハウスキーピング協会認定）。

整理収納教育士

教育現場や子育てに関わる人たちに整理収納の専門的な知識と技術を伝え、こどもたちの自立を育む片づけやすい環境づくりができるようになります(ハウスキーピング協会認定)。

住宅収納スペシャリスト

新築やリフォームを目的としたお客様に整理収納アドバイザーの理論に基づき、暮らしに合わせた収納方法などをご提案することができます(ハウスキーピング協会認定)。

インテリアコーディネーター

そこに暮らす人にとって快適な住空間をつくるためのご提案、アドバイスを行うことができます。メーカーや工務店などとインテリア計画を行います(インテリア産業協会認定)。

親・子の片づけインストラクター

親が片づけの基本を学び、こどもや家族などの他者の行動パターンやものへの思いに理解を深めることでよりよい家族関係が築けるように(親・子の片づけ教育研究所認定)。

生前整理アドバイザー

生前整理のお手伝いを希望されるお客様のもとへ伺い、必要なことをお伝えする仕事。お客様とどのように接して情報を提供していくのかも学べます(生前整理普及協会)。

こんまり流片づけコンサルタント

近藤麻理恵さんが伝え続けている片づけを通して人生がときめく「こんまりメソッド」についてより深く学べる公認資格。世界30カ国以上で認定コンサルタントが活躍中。

04 SNS（主にインスタグラム）活用術

個人が自由に情報を発信できるソーシャル・ネットワーキング・サービスの普及により、有名無名問わずビジネスのチャンスが広がっています。最高の自己プロデュースの場として大いに活用したいもの。ここでは仕事として、集客のためにSNSを発信する方へ基本的な活用方法についてご紹介します。

SNSの種類

インスタグラム（ハッシュタグの拡散力）、フェイスブック（人との交流）、ツイッター（情報収集）、ユーチューブ（動画のわかりやすさ）、ライン（直接的発信力）、ピンタレスト（画像ストック）のほか、ブログ（長文ストック）など。自分に合った活用術を見い出しましょう。

使い分け例

SNSの特性を活かし、投稿内容や目的に合わせて上手に使い分けましょう。インスタならばフィード投稿のほか、24時間で自動的に消えるストーリーズがあったり、地域によってはインスタよりもフェイスブックのほうが浸透している場合も。問い合わせ先やサービス内容を明記しておくことを忘れずに。

独自のアイデア提案

大事なのはアイデアや考え方を独自の見せ方で発信すること。水谷妙子さんは白っぽい投稿に埋もれないよう黒をベースにした写真を。上田麻希子さんはリアルな日常を出して共感を。

投稿内容

集客のためのインスタにおいては日記的内容はNG。フォロワーが求めている投稿はあくまで「共感」と「情報」。誰に向けて発信したいのかを明確に設定しておくとブレないでしょう。

心に刺さる言葉

整理収納のアイデアを紹介するだけでなく、言葉だけでものを手放す後押しができることはyur.3さんが実証済み。SNSを通じて執筆や監修、出版の依頼がくるケースも多いので文章の内容も重要。

ハッシュタグ

インスタ、ツイッター、フェイスブックなどあらゆるSNSに共通してある「#」機能は、共通の話題を探すため、見つけてもらうための検索ツール。ハッシュタグ自体をフォローすることも可。

更新頻度

追い込みすぎて継続できなければ本末転倒ですが、忘れられないためにもある程度の発信頻度を設定し、定期的な更新を。投稿が多すぎて嫌がられることもあるので要注意。タイムラインは美しく。

写真の加工テイスト

加工方法(無加工もあり)を決めたらそれを貫き通すべし。撮影する角度、天候、時間帯を決めて写真の明るさや部屋の印象が変わらないようにするなど、写真の統一感を出しましょう。

05 仕事をはじめる最初の一歩

自分がお客様に対してどのような条件でどういったサービス内容を提案していきたいのか、やってみないとわからないことが山積みで不安もあると思いますが楽しくイメージを膨らませながら、具体的な初期設定を考えていきましょう。まずはＳＮＳで自分を知ってもらい、いよいよ集客です！

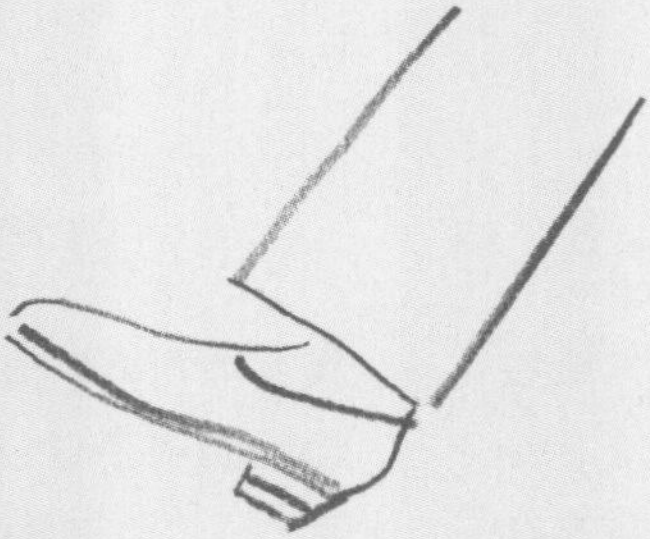

コンセプト設定

あなた自身の「整理収納アドバイザー」としての考え方、自分が得意とすること（使いやすさ重視のざっくり収納、見た目がきれいな美収納など）や好きな部屋のテイストなど、お客様の悩みに合わせて臨機応変に対応するためにも決めつける必要はなくとも自身の売りとして理解しておくときっと役立ちます。

サイトの準備

ＳＮＳのＤＭでのやりとりも有効ですがその都度詳細を説明するのは大変。ウェブがあればそこへ誘導すればオッケーです。お客様のお悩みをうかがって解決するまでの流れ、価格（後々の変更は難しいので価格設定は慎重に）や支払い方法、お申し込みフォームなどをわかりやすく明記しましょう。

実績をつくる

お客様も本気で「片づけたい！」と思っている方ばかりですから、できるだけ経験豊富な方にお願いしたいと思って当然。モニターとして知人や家族の協力を得て、さまざまなケースに対応できる実績を積んでおきましょう。その際には承諾をとった上でビフォー・アフターなどの写真の記録も忘れずに。

クチコミ!! みんなに知ってもらう

何より一番手っ取り早いのはやはりSNSの活用ですがそういったものが苦手な方もいると思います。ひとりでの宣伝が厳しければ誰かのもとについて実績を積みながら人脈をつくるのも手。モニターを募り口コミに期待する、チラシを配布する、雑誌やウェブなどへの寄稿も宣伝効果大。

セミナーやワークショップを企画

人気といえど、まだまだ浸透していない「整理収納アドバイザー」の存在。身近に感じていただくために、地域の方にも気軽に参加していただけるセミナーやワークショップなどを企画してみるのもあり。みんなでわいわい楽しく「整理収納」への知識を身につけていきましょう。

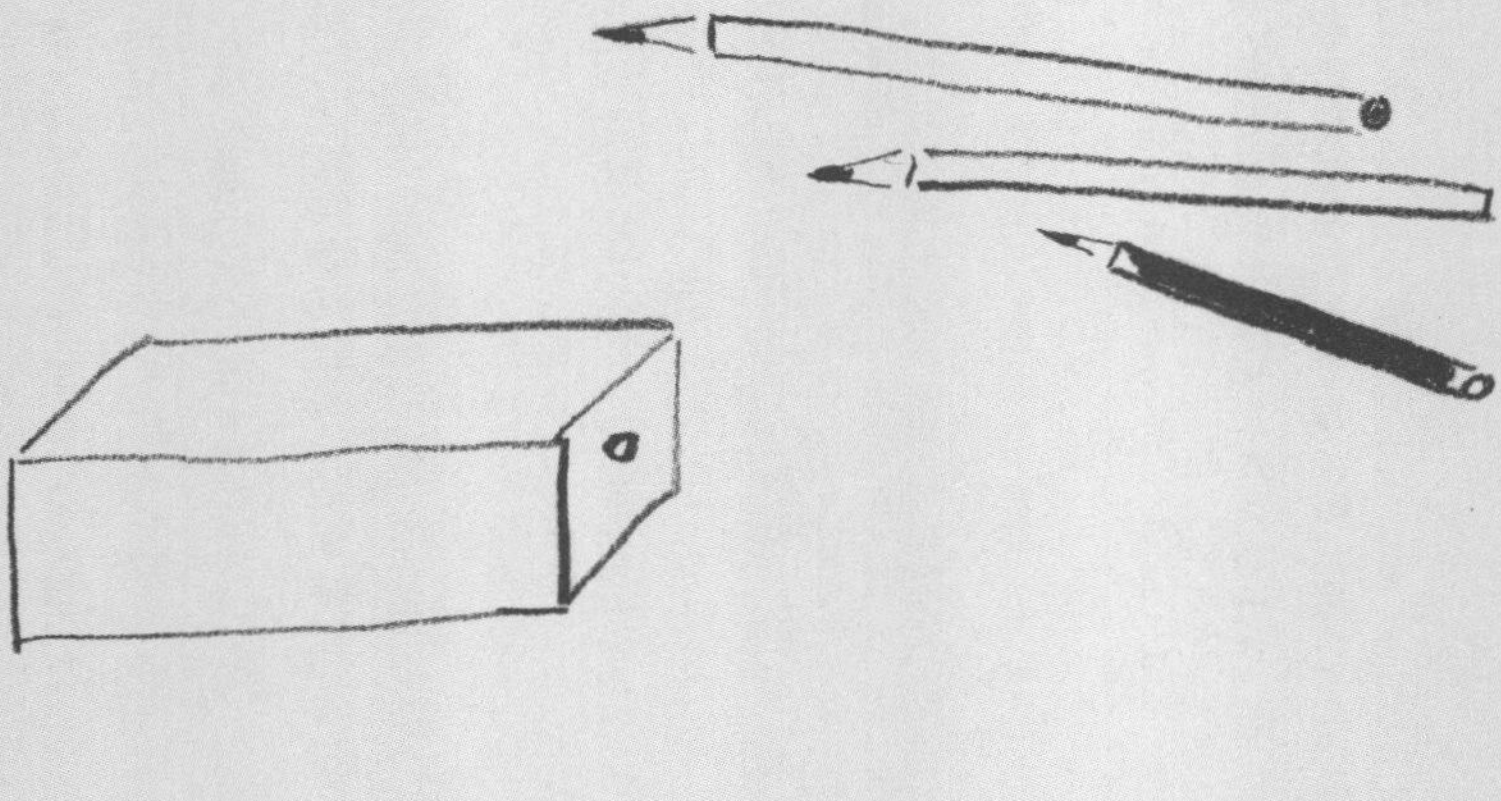

本書内容に関するお問い合わせについて

このたびは翔泳社の書籍をお買い上げいただき、誠にありがとうございます。弊社では、読者のみなさまからのお問い合わせに適切に対応させていただくため、以下のガイドラインへのご協力をお願い致しております。下記項目をお読みいただき、手順に従ってお問い合わせください。

ご質問される前に

弊社Webサイトの「正誤表」をご参照ください。これまでに判明した正誤や追加情報を掲載しています。

正誤表　https://www.shoeisha.co.jp/book/errata/

ご質問方法

弊社Webサイトの「刊行物Q&A」をご利用ください。

刊行物Q&A　https://www.shoeisha.co.jp/book/qa/

インターネットをご利用でない場合は、FAXまたは郵便にて、下記"翔泳社 愛読者サービスセンター"までお問い合わせください。

電話でのご質問は、お受けしておりません。

回答について

回答は、ご質問いただいた手段によってご返事申し上げます。ご質問の内容によっては、回答に数日ないしはそれ以上の期間を要する場合があります。

ご質問に際してのご注意

本書の対象を越えるもの、記述個所を特定されないもの、また読者固有の環境に起因するご質問などにはお答えできませんので、あらかじめご了承ください。

郵便物送付先およびFAX番号

送付先住所　〒160-0006　東京都新宿区舟町5

FAX番号　03-5362-3818

宛　　先　(株)翔泳社 愛読者サービスセンター

※本書に記載されたURLなどは予告なく変更される場合があります。

※本書の出版にあたっては正確な記述につとめましたが、著者や出版社などのいずれも、本書の内容に対してなんらかの保証をするものではなく、内容やサンプルに基づくいかなる運用結果に関してもいっさいの責任を負いません。

※本書に記載されている会社名、製品名はそれぞれ各社の商標および登録商標です。

著者

竹村真奈

1976年、高知生まれ。編集プロダクション・タイムマシンラボ代表。ファンシーなガーリーカルチャーを本に閉じ込める仕事や企画・プロデュースを中心に活動中。代表的な著書に『サンリオデイズ』『魔女っ子デイズ』(BNN新社)、『まんがファッション』(PIE BOOKS)、『小さなお店、はじめました』シリーズ5作(翔泳社)、『80-90's TEENS BEAUTY BOOK』(ギャンビット)、『'80s Girls Fashion Book』(グラフィック社)、他多数。www.timemachinelabo.com

装丁・本文デザイン　久能真理
装丁・本文イラスト　落合 恵
DTP　杉江耕平
編集　竹村真奈
編集協力　藤本あき
取材・文　晴山香織(P008-019、P032-043、P056-079、P092-127、P128-136)
赤木真弓(P020-031、P044-055、P080-091)
撮影　嶋崎征弘
Fujinao(P056-079)
Yur.3(P092-127)
西澤 佳代子(P116-127)

整理収納を仕事にする
片づけのプロ10人に聞く、暮らしと人生の整え方

2020年 5月20日 初版第1刷発行

著者　竹村真奈(たけむら・まな)
発行人　佐々木 幹夫
発行所　株式会社 翔泳社(https://www.shoeisha.co.jp)
印刷　公和印刷 株式会社
製本　株式会社 国宝社

ISBN　978-4-7981-6469-4
Printed in Japan